雇用と利子とお金の
一般理論

John Maynard
Keynes

The General Theory of Employment, Interest and Money

原著
J・M・ケインズ

要約・翻訳
山形浩生

解説
飯田泰之

ポット出版

本書は、山形浩生による『ケインズ　雇用と利子とお金の一般理論』の要約である。
原題は、The General Theory of Employment, Interest and Money
初版は1936年に、Macmillan Cambridge University Press, for Royal Economic Society から刊行された。
テキストには1953年刊行のHarcourt, Brace and Company発行のものを使っている。

凡例
○本文中の強調はゴシック体で示した。
○原文に書かれている補足は（ ）で示し、訳・編者による補足は［ ］で示した。
○図表は訳・編者が作成した。
○訳語は訳・編者によるもので、専門用語として定着している語とは必ずしも一致しない。

『要約　ケインズ雇用と利子とお金の一般理論』能書き

by 山形浩生

（with Special TNX to 能登麻美子氏……の2ちゃんねるに巣くうキモヲタファンども諸賢）

これは、
John Maynard Keynes *The General Theory of Employment, Interest and Money*（1936）の要約版だ。テキストとしては1953年刊のHBJ版を使っている。
要約といっても、勝手なつまみ食いじゃない。原書に登場するすべての段落（ただし6章、14章、19章それぞれのおまけは除く）を、番号をふってまとめてある。以下で一段落で表現されているのは、原文の一段落に対応している。こうすることで、恣意的な部分はかなり減る。何かでかい部分がごそっと抜けていることもなくなる。
こういう形にしたのは、マルクスとかアダム・スミスとか訳していて、ちょっと疲れたからだ。昔の人はずいぶんうだうだと書く。忙しい現代人ならパワーポイント一枚ですませる中身を10ページかけてダラダラ書く。そういうのをいちいち訳したところであまり意味はない。そういうのをばっさり切ってすっきりまとめられたらいいな、と思ったからだ。
読む側だってさあ、一字一句なんか読むほど暇じゃないでしょ？

そういう暇な人はご職業の方なんだから、暇にあかせて原書を読めばよろしい。これはそういう人のためのものじゃない。それにこの『一般理論』は、古典派以外にも考え方がある、というのの説明にかなりの紙幅を割いている。当時は、古典派以外の考え方があるとはみんな思ってなかったからだ。でも、いまの人はそんなことを長々と説明してもらわなくても、ケインズ経済学がある、ということは知ってるのだ。だから、そういうところは端折るほうがお互いのためだ。その一方で、世の中にはケインズの解説書と称して、その著者が勝手な思いこみで自分の好きな部分だけをつまみ食いした本がいっぱいある。その思いこみがまちがっているとか、重要ではないということではない。でも、一応フェアに全体を見たいと思うのも人情だ。

マルクスの場合、『資本論』は宗教書になっているのでこういう処理は難しい。一言半句の解釈が問題にされ、内ゲバになる。アダム・スミスも多少そんなところはある。一方ケインズは、えらい経済学者だけど宗教になってない。だからこういう要約でも役にたつのだ。

だから役にたててね。

なお、原文を読みたい人はMarxists Internet Archive（http://www.marxists.org/reference/subject/economics/keynes/general-theory/）に出ている。また、Google Booksにもスキャンしたものが出ている。日本語で読みたい人は、その後ぼくが全訳したものが http://genpaku.org/generaltheory/ にある。

KEYNES
The
General
Theory of
Employment,
Interest
and Money

要約

ケインズ

雇用と利子とお金の

一般理論

目次

KEYNES
The
General
Theory of
Employment,
Interest
and Money

要約

ケインズ

雇用と利子とお金の

一般理論

序文

序文

この本は主に経済学者仲間向けに書かれている。それ以外の人々にも理解できるといいなとは思う。でも本書の第一の目的は、理論上の難しい問題に取り組むことで、その理論を実践に応用するのは二番目の目的でしかない。というのも、正統経済学がダメなのは、論理的一貫性を持たせるべく慎重に構築された上部構造にまちがいがあるからではなくて、その前提に明確さと一般性が欠けているからだ。経済学者たちに、自分の前提を見直してもらうには、きわめて抽象的な議論と、強い口調が必須だ。だからチョイ攻撃的な書き方になってるところもあるが、許せ。

ここで問題になっている話はとっても大事だ。でも、ここではまず身内の経済学者の説得が大事なので、一般人は蚊帳の外だ。

本書と5年前の『貨幣論』との関係はわかりにくいだろう。前の本はまだ古典理論の影響下にあった。前著では、お金それ自体が産出に影響を与えたりはしないと思っていた。だから混乱している。本書では全体としての産出や雇用の規模とそれを変える条件の話をしている。だから本書のは一般理論で、古典理論はその部分的な特殊解というわけだ。

本書の執筆ではいろんな人にお世話になった。ありがとう。

本書を書くのは、脱出のための長期にわたる苦闘だったし、読者にとってもそうだろう――慣習的な考え方や表現から逃れるための苦闘なのだ。ここでダラダラと述べてあるアイデアは、実はかなり単純だしわかりやすいはずだ。難しいのはみんなが持っている古い考え方から逃れるところなのだ。

J・M・ケインズ
1935年12月13日

KEYNES
The
General
Theory of
Employment,
Interest
and Money

Book I
Introduction

要約

ケインズ

雇用と利子とお金の

一般理論

第I巻
はじめに

Book I: Introduction
第Ⅰ巻　はじめに

■訳者の説明

この第Ⅰ巻は、本書の概要説明と、当時の古典派経済学に対する批判。時代背景の理解には重要。また、2010年現在は［少なくともリーマンショック前までは］経済学がどんどん、かつてのがちがちの古典派に近づいてしまっている状態なので、それに対する批判を改めて読むのも意義があること。ケインズ理論の最初の布石が、第3章の有効需要と消費性向の話なので、ここは注意して読むべし。

序文：本書は古典派経済学批判であり、その前提を問題視するという宣言。

第1章：古典派理論は、特殊な環境における特殊解でしかなく、もっと一般的な理論をここで展開すると宣言。

第2章：非自発的な失業は［古典派がなんといおうと］存在する。また人々は実質値ではなく名目値に反応する。古典派はそれを度外視するので変。

第3章：重要なのは有効需要。これが雇用を決める。それは消費性向に左右される。そして投資は金利に左右される。古典派はこれらを考え［られ］ないが、一般理論はこれをきちんと見る。

Chapter 1: The General Theory

第1章　一般理論

1. この本は『雇用と利子とお金の一般理論』という題名だ。力点は「一般」にある。これまでの古典派理論は、特殊な場合にだけ適用できるもので、一般的には使えない。そしてその特殊な場合というのは、実際の経済社会とはちがっているので、古典派理論をそのまま使うとひどいことになる場合が多い。

Chapter 2: The Postulates of the Classical Economics

第2章　古典派経済学の想定

■Abstract

古典派の理論では、失業は労働組合が不合理に高い実質賃金を要求し、自発的に失業を選ぶから起きる。非自発的な失業なんてものはないはず。

でもこの議論は変だ。労組は実質賃金なんか気にしない。労使交渉は名目の賃金をめぐるものだし、インフレになって実質賃金が相対的に下がっても、それで仕事をやめるやつはいない。

また古典派理論の前提だと、名目賃金が上がると実質賃金も上がる。でも古典派の価格理論では、名目賃金が上がれば物価水準も上がるから、実質賃金は変わらないはずだ。一貫性がないぞ！

これは古典派理論が完全雇用を前提としているから。不完全雇用では、非自発失業が発生するのだ。

また古典派理論だと、供給は自分で生産を作り出す、つまりどんな水準の生産や雇用でも、需要価格と供給価格は同じだ。でもこれもちがう。

■本文

1. 価値と生産理論のほとんどは、あらかじめ使われる［雇用される］リソースの量が決まっていて、それを相対的にどう使うのがいいとか、その産物の相対的価値がどうだとかいうものだ（これはリカードの伝統。リカードは国全体の生産量は考慮しなかった）。

2. 使えるリソースの量という問題も、人口とか資源量とかいう形で記述的には扱われてきた。でも、使えるリソースの「実際の雇用を決めるのが何か」という問題はあまりきちんと分析されていない。見過ごされてきたというよりは、根底にある理論があまりに単純すぎると思われて、ほとんど言及されなかったということ。

Section I

3. 雇用の古典理論は、ほとんど議論なしに次の二つの想定に基づいている：

4. (I) **賃金は労働の限界生産と等しい**。つまり賃金は労働が一単位減った場合に減少する価値に等しい。ただし不完全競争下だと他に条件がつく。

5. (II) **一定量の労働が雇用されるときの賃金の効用は、その雇用量がもたらす負の限界効用に等しい**。ここでの負の限界効用というのは、「こんな賃金じゃとてもこんな仕事はやってられない」と人が思うときの、その「やってられない」部分すべてだ。

6. この主張は「摩擦」失業とも一貫性を持つ。これは転職中の失業とか、急な変化に対応するまでのタイムラグからくる失業とかだ。それ以外に自発的失業というのもある。制度とか集団ストとか怠惰とかで仕事をしない人たちだ。でも、古典派の主張はこの二つ以外の「非自発的失業」というのを考えようとしない。

7. 古典理論では、雇用リソースの量はこの二つの想定で決まってくる。最初の想定からは雇用の需要関数が出てきて、二番目からは供給関数が出てくる。そして雇用の量は、限界生産の効用が限界雇用の負の効用とバランスするところとなる。

8. この理屈だと、雇用を増やす手段は次の四つしかない：
   (a) 摩擦失業を減らすような組織や予測面の改善
   (b) 労働の負の効用を減らし、追加労働のための実質賃金をあげて自発的失業を減らす
   (c) 賃金財産業（労賃の効用が依存している財）の限界労働生産性を上げる
   (d) 非賃金財の価格を、賃金財の価格に比べて高くし、同時に非賃金労働者たちの支出を賃金財から非賃金財に移す。

9. これは古典理論で雇用を詳細に扱った唯一の著書、ピグー『失業の理論』のまとめだ。

Section II

10. でも実際に見てみると、現状の賃金で働きたいのに働けない人がいっぱいいる。古典派はこれを、組合が賃金引き下げに同意しないからそういうことになると述べている。

11. もしそうなら、二つの点が指摘できる。

12. まず、名目賃金が下がると働かない、という労働者は、物価が上がることで賃金財の価格と比較した賃金水準が相対的に下がったら働くのをやめるか？［つまりインフレで賃金の実質価値が目減りしたら仕事をやめるか？］そんなことはない。つまりある範囲内だと、労働需要は最低限の名目賃金水準で決まるもので、実質賃金水準で決まるわけじゃない。古典理論は、これは自分の理論の本質に関係ないことにしているけど、実は関係大ありだ。労働が実質賃金だけの関数でないと、古典派理論は壊滅だもの。労働が実質賃金だけの関数なら、物価が上下すると労働の供給関数も派手に変動してしまう。

13. さてふつうの経験からして、労働者は実質賃金よりは名目賃金［つまり賃金の額面］を求めて働く。労働者は、名目賃金［給料の額面］が減るといやがるけれど、賃金財の値段が上がっただけで［つまりインフレになっただけで］ストをしたりはしない。そしてそれは別に非論理的じゃない（これは後述）し、また現実にそうなっていることは否定できない。

14. さらに実際の不況を見ても、労働者が賃下げを受け入れないから失業が生じてるわけじゃない。労働者だって不景気のときにそんなに突っ張ったりしない。これを見ても古典派の理屈は変だ。

15. これを統計的に相関分析にかけて、名目賃金と実質賃金の変化を見たらおもしろいだろう。特定産業だけの変化の場合、名目賃金と実質賃金は同じ動きを見せるはず。でも経済全体の賃金水準が変化するとき、両者は逆方向に動くはず。短期的には、名目賃金が下がって実質賃金が上がるのは失業増加に伴うものだから［実はそうなっておらずケインズは後にごめん論文を書いている］。

16. いまの実質賃金水準が最低線で、給料がそれより下がったらみんな働かない、というなら、摩擦失業以外の非自発的失業はあり得ないはずだ。でもそんなことはない。いまの賃金水準で働きたがってる失業者はたくさんいる。これは賃金財の価格が上がって、実質賃金が下がっている時にも成り立つ。だから実質賃金は労働の限界的な負の効用を正確にはあらわしていない。

17. でももっと本質的な批判がある。この話は、労働の実質賃金が労働者と実業家との賃金交渉で決まる、という発想からきている。古典派は、交渉で決まるのは名目賃金だけれどそれが実質賃金を決めているのだ、と言う。

18. つまり実業家と労働者の賃金交渉が実質賃金を決める、というのが古典派の理論だ。

19. これは個々の労働者だけでなく労働力全体にあてはまること

になっている。また閉鎖系だろうと開放系だろうと、貿易の影響で名目賃金が低下する場合だろうと関係なくあてはまるはず。

20. でも名目賃金の交渉がほんとに実質賃金を決めるかどうかはアヤシイ。古典理論だと、価格は名目の限界費用で決まるはずで、名目の限界費用はかなりの部分が名目賃金に左右される。だから名目賃金が変わったら物価もそれに応じて変わり、実質賃金は［労働コスト以外の部分は除き］変わらない、ということになるはずだ。でも賃金の場合だけ古典派は主張がちがっている。そして、賃金交渉で実質賃金が決まる、という話がいつの間にか、完全雇用に対応する実質賃金を交渉で決められる、という話と混同されている。

21. まとめ。古典理論の二番目の主張には、反論が二つある。一つ目は、それが実際の労働者のふるまいとちがう、ということ。みんな給料の金額が下がると怒るけれど、インフレで給料の実質価値が相対的に下がっても何も言わない。物価高になったらみんないっせいに仕事をやめるか？　そんなわけはない。でもピグー『失業の理論』をはじめ古典派の前提だとそうなる。

22. 二つ目のもっと重要な反論として、実質賃金が賃金交渉で決まるという古典派の発想がそもそも変だ、ということ。この先の議論で、実質賃金を決めるのが何かを論じる。

Section III

23. ある業種だけが名目賃金削減に同意したら、かれらの実質賃金はほかの業種と比べて相対的に下がるからみんないやがる。でもお金の購買力が下がって、みんな一律に実質賃金が下がるときは（極端でなければ）あまり文句は出ない。

24. つまり名目賃金を巡る労使交渉というのは、各種の労働者集団同士の中で、総実質賃金の分配を主に左右するわけだ。労働組合がやっているのは、業種間の相対的な実質賃金を守ることで、経済全体の中での一般的な実質賃金水準をどうこうするもんじゃない。

25. だから労働者たちは、無意識にとはいえ、古典派経済学者よりはまともだ。名目賃金低下には抵抗しても、実質賃金の全体的な水準が変わるのには抵抗しないから。

Section IV

26. というわけで、ここで第三の失業である「非自発的失業」を定義する必要がある。古典派はこれが存在する可能性を否定しているけど。

27. 定義としては「名目賃金に比べて賃金財の値段が少し上がったとき、その名目賃金水準での労働総供給と労働総需要が、どちらも現在の雇用水準より大きいときの失業」となる。

28. 古典派の想定だと、この定義にあてはまるようなものは存在できない。だから古典派は、失業は単に職探しの途中か、あるいはその労働者が分不相応な賃金を要求しているだけ、として片づけている。

29. でも古典理論は完全雇用の場合にしか当てはまらない。だからそれで非自発的失業を論じることはできない。第二の想定を捨てて新しい体系を作ろう。

Section V

30. 古典派と決別するといっても、共通点は見失わないようにしよう。さっきの第一の想定は否定しない。それがどういうことかを考えよう。

31. 各種条件が同じなら、実質賃金と産出量（および雇用量）は一対一対応している。だからそこで雇用を増やしたら、実質賃金は下がるしかない。この点では古典派に同意する。

32. でも第二の論点を捨てたらどうなるか？　雇用の減少はその分かれらの受け取る実質賃金が増える、つまり賃金財で測った価値が増えるのは今まで通りだけれど、それは労働者たちが賃金財をもっとたくさん要求するから、では必ずしもない。だから労働者が低い名目賃金を受け入れても、失業は必ずしもなくならない。この議論は第19章できちんとやる。

Section VI

33. セイとリカード以来、古典派は供給は需要を生み出すと教えてきた。生産コストはすべて、経済全体で見れば直接・間接的に製品の購入にまわる、という話だ。

34. ミル『経済学原理』でもそれは明記されている。

35. その変形版として、個人が消費を控えれば、それまでその供給に使われていた労働や財が、資本的な富の生産に必然的に投資される、という議論がある。たとえばマーシャル『国内価値の純粋理論』なんかにそう書いてある。

36. 後期のマーシャルやエッジワースやピグーだと、この手の記述はなかなか見つからない。いまじゃこんなはっきりした書き方はだれもしない。でも古典派はみんなこれが前提だし、これがないと古典派は崩壊する。要するに、稼いだ金はいつか何らかの形で使うしかない、というわけ。

37. 買い物には売り手と買い手がいて、支払いと受け取りは相殺される。だから、社会全体で見れば総コストと産出の総価値が同じというのはまあわかる。

38. また、他人から何ももらわずに自分を豊かにするような個人の行為が社会全体をも豊かにする、というのもまちがいない。だから個人が貯蓄すれば（つまり自分のお金で自分を豊かにしている）、それは必ず投資にまわることになる……

39. ……と考えるやつは、まるでちがうものをごっちゃにしてごまかされているのだ。いまの消費を控えるのと、それを将来の消費にまわす、という行動の間に関係があると思っている。

でもこの両者を律する動機はまったく別物だ。

40. 要するに古典派は、産出全体の需要価格と供給価格が同じだ、というのを前提にしている。これを認めると、残り全部が決まってくる。貯蓄はすばらしいとか、金利への態度とか、失業の古典理論とか貨幣数量説とか、盲目的な自由放任賞賛とか。これはあとでみんな見直す必要がある。

Section VII

41. まとめ。古典派ってのは以下のような前提に順番に依存している：

(1) 実質賃金は、いまの雇用の限界的な負の効用に等しい

(2) 厳密な意味での非自発的失業なんてあり得ない

(3) 供給は自分で生産を作り出す、つまりどんな水準の生産や雇用でも、需要価格と供給価格は同じ

42. でもこの三つは実はお互いによりかかりあった堂々巡りの議論でしかないのだ。

Chapter 3: The Principle of Effective Demand

第3章　有効需要の原理

■Abstract

雇用 N は、社会の総消費と総投資の合計、つまり有効需要によって決まる。

じゃあ総消費はどう決まる？　それは雇われた人たちがどんだけ消費するかで決まる。そしてその消費は、その人たちの稼ぎで決まる。所得が増えるとみんな消費を増やすから。でも、増えた分を全部消費にまわす人はいない［ふつう貯金とかするでしょ］。どのくらいを消費にまわすか、というのが消費性向というやつだ。

このままだと事業者は、払った賃金［つまり所得］より低い売り上げ［消費額］しか手に入らないので、人をそんなに雇えない。それがわかってるから、かれらはもともと見込める売り上げ［消費額］程度の人しか雇わない。すると完全雇用でないところで均衡する。つまり自発的でない失業が起きる。

これを防ぐには、社会の投資を増やすことだ。投資を増やせば、その分有効需要も増える。そのためには、投資の見返りが［貯蓄の利息より］高くないとダメだ。

でも経済が豊かになると、稼ぎを全部消費にまわさなくてもいい［消費性向が下がる］し、また社会のインフラも整備済だから投資機会も減る。完全雇用が実現するまで有効需要を高めるためには、人工的に投資機会を増やす、つまり利子率をどんどん下げることで投資を確保しなきゃいけない。

だから、有効需要と、投資の限界効率と、利子率についてきちんとした理論を考えないと経済の一般理論にならん。それをこれからやる。

古典派の理論は、現実離れしていて、実用性も皆無。自由放任の現状追認なので気に入られただけかも。それと、古典派理論だとこの世はあるがままでサイコー、という幻想に浸ってられて気分がいいのかも。でもそれは現実の問題から目を背けることだよ。

■本文

Section I

1. 技術水準やリソースや費用が一定なら、ある量の労働を雇うことで企業家には二種類のコストが発生する。まずは生産要素［本書では労働だけ］を買うのに必要なコスト（要素費用）。もう一つは、他の完成品を買ってきてそれを動かし続けるために必要な費用（利用者費用）だ［わかりにくいんだけど、まあ前者は変動費、後者は固定費または減価償却費と考えるとわかりやすいか。厳密にはちがうんだが］。

2. で、技術とリソースと労働＋原材料費の水準が同じなら、産業は「売り上げ－要素費用」を最大化するようにリソースを雇う［利益を最大化するように、というのと同じことですな］。

3. じゃあ、N 人を雇うと総供給価格が Z になるとしよう。これを $Z=\phi(N)$ と書く。これが総供給関数だ。次に N 人雇ったときに期待できる売り上げを D としよう。これを $D=f(N)$ と書く。これが総需要関数だ。

4. でもって、$D>Z$ なら、企業家はもっと人を雇って、$D=Z$ になるまで N を増やす。この時点で利益は最大化する。だから雇用の量は、総需要関数と総供給関数が交差する点で与えられる。その交点での D の値が「有効需要」だ。

5. 一方、古典派の主張は「供給はそれ自体の需要を作り出す」というものだ。これはこの二つの関数が N の値によらず等しい［つまり $D=Z$ 、と想定している］。

6. もしこれが成り立つなら、事業家同士の競争は常に拡大して、全体としての産出の供給が非弾性的になるまで進む。つまり有効需要がいくら増えても産出がそれに応じて増えなくなる点、つまりは完全雇用が実現されるまで続く、ということだ。でももしこれが正しくなければ、古典理論は大きな見落としをしている。

Section II

7. これから説明する理論の概略を述べておこう。

8. 雇用が増えると、社会としての総所得が増える。すると総消費も増えるけれど、その増え方は所得ほどじゃない。だから、その差額は総投資が増えることで埋め合わされる必要がある［そうでないと社会の中での総需要が足りなくて、事業家は雇用を正当化できない］。だから、社会としての消費性向が一定なら、雇用の総量は現在の投資の大小に左右される。現在の投資の大小は、投資の誘因（後で説明）で決まってくる。そして投資の誘因は、資本の効率と金利で決まる。

9. 消費性向が一定で、新規投資も一定なら、均衡水準をもたらす雇用は一つしかない。この水準は完全雇用より低い可能性がある。古典理論は、それが完全雇用と一致する場合しか扱わないけど、これはかなり特殊な場合だ。

10. まとめるとこういうこと：

11. (1) 他の条件が一定なら、所得(実質も名目も)は雇用量 N に依存する。

12. (2) 社会の総所得と、総消費 D_1 の関係は、社会の消費性向という心理状態で決まる。総消費は、総所得の水準で決まり、総所得は N によるから総消費も N で決まる。

13. (3) N は、事業者がどれだけ雇おうとするかによる。これは社会の総消費 D_1 と社会の総投資 D_2 の合計 (D) となる。D が有効需要ってやつね。

14. (4) $D_1+D_2=D=\phi(N)$ となる。で、(2) から、$D_1=\chi(N)$ なので、$\phi(N)-\chi(N)=D_2$ になる。

15. (5) つまり雇用量 N は、総供給関数 ϕ, 消費性向 χ, 総投資 D_2 で決まる。ここが『一般理論』のキモだぞ。

16. (6) N が増えるとだんだん限界労働生産性(最後に雇われた人の生産性。事業者は賢いので、優秀な順、つまり生産性の高い順に人を雇うのだ)は下がる。この限界生産性が実質賃金水準を決める。そしてあまりに賃金が低ければ、だれも働きたがらないから D を増やしても N が増えない可能性はある。が、ここでは無視。

17. (7) 古典理論だと、すべての N に対して $D=\phi(N)$ が暗黙の前提だ。

18. (8) N が増えると、D_1 は増えるけれど、D ほどは増えない。

所得が増えると消費も増えるけれど、でも一部は貯蓄にまわるから、所得の増分ほど消費は増えないのと同じこと。雇用が増えるほど、消費者の消費額 (D_1) と総供給価格 (Z) とのギャップは大きくなる。だから雇用も増やせない。だから (D_2 のほうで何か起きない限り) N は完全雇用より下にとどまる。つまり、失業がある状態で経済が均衡する。

19. ここでの失業は、「働くのはつらいのでこの賃金水準では働かないぞ」という自発的なものじゃないことに注意。

20. 社会が豊かなのに貧乏人が残っていることも、これで説明できる。有効需要が不足して、労働の限界生産性が十分に高くても完全雇用が達成されていないからだ。

21. さらに社会が豊かなほど、潜在的な生産能力と実際の生産のギャップはでかい。貧乏なコミュニティは、作ったモノや稼ぎはすぐに使うしかない。だから社会の総投資 D_2 が少しでもあればすぐに完全雇用になる。でも豊かな社会だと、右から左に稼ぎを使い果たす必要がないもの［つまり消費性向が低い］。それを埋め合わせるには、D_2 は相当必要だ。

22. もっと困ったこと。豊かな社会は、消費性向が低いだけじゃない。すでに資本が十分に蓄積されてしまって［つまりインフラや設備が十分に整っているので］、十分な見返りの期待できる投資先がなかなか見つからない。社会の総投資 D_2 を増やすには、金利を下げて「十分な見返り」のハードルをどんどん下げるしかない。でもこれは自動的には生じない。この点は第Ⅳ巻で解説。

23. まとめると、既存の理論で不足しているのは、消費性向の分析、資本の限界効率の定義、利率の理論だ。これさえ決まれば、価格理論も決まってくる。さらに、利率の理論を考えるときにはお金というのが重要になってくるので、これについても検討する。

Section III

24. 総需要関数なんか無視していい、というのはリカード式経済学の教えだ。マルサスは、総需要が不足するかも、と述べたけれど、理論にまとめられなかった。だから総需要の謎はその後だれもとりあげず、マルクスやゲゼルやダグラスが触れているだけだ。

25. なぜリカードの発想がここまで普及したかはよくわからん。現実に適用すると常識はずれな結論が出てくるので、「おれは馬鹿な世間にはわからんことがわかる」という虚栄心を満足させられるから、かもしれない。さらに、自由放任を主張することで、既存事業者に都合がよかったこともあるのかも。

26. でも、普及はしたけれど、リカード派の理論は全然現実の役に立たないことがだんだんわかってきた。それなのに当の経済学者たちは平然としている。

27. それと、古典派の描く世界は、ほっとけば世界は完璧、という人々の願望を正当化してくれるものだった、というのもあるのかもね。でも、それは現実の問題から目を背けているだけだ。

KEYNES
The
General
Theory of
Employment,
Interest
and Money

Book II
Definitions and Ideas

要約
ケインズ
雇用と利子とお金の
一般理論

第II巻
定義と考え方

Book II: Definitions and Ideas
第II巻 定義と考え方

■訳者の説明

この第Ⅱ巻は、現在ではあまり意味のない部分。当時の経済学で使われていたあいまいな概念などを整理して、考え方のベースとなる数量などを定義している。いまはもう統計データの整備が進み、この『一般理論』で使われている概念が普通になっているので、ここであれこれ批判されている話はまったく問題にならない。だから第5章以外はあまり細かく読む必要はない。

第4章：古典派経済学で当時使われていた概念の批判。

第5章：事業者は将来の期待に応じてものを作る。短期は既存設備の稼働［生産計画］、長期は設備をどう増やすか［投資計画］となる。長期の期待がだいたい雇用を決める。

第6章：所得とか貯蓄とか投資について、当時使われていた概念の批判。社会全体で見れば、貯蓄と投資は必ず等しくなる。それだけ覚えておくこと。

Chapter 4: The Choice of Units

第4章　単位の選び方

■Abstract

この第 4-7 章は、古い概念整理なので本題とちょっとそれる。

いくつかの概念はあいまいなので使いません。

雇用理論を考えるときには、名目の額面価値と、雇用量しか見ません。あと、細かい賃金の格差も無視。みんな同じ一人あたり賃金（wage-unit）とする。

■本文

Section I

1. この第4-7章は、古い概念整理なので本題とちょっとそれる。

2. どういう整理かというと、まず経済全体をきちんとあらわす単位をどう選ぶか、という話、経済分析における期待の役割、所得の定義だ。

Section II

3. 経済全体を論じるのに経済学者が使う用語はあいまいすぎてダメ。特に国民配当（National Dividend）、実質資本のストック、一般価格水準というやつ。

4. （i）国民配当というのは実質産出みたいなものだけど、これは直接はかれないのでとってもあいまい［今はまったく使われない概念だから知る必要なし］。

5. （ii）実質資本のストックも、古い機械と新しい高性能の機械とをどう評価するかという点でかなり問題あり。

6. （iii）一般価格水準というのもずいぶんあいまいだ［いずれも当時の話。いまは統計データ処理の精度がずっと上がり、問題にならない］。

7. でも、通常こんなのは純理論的な話で実際にはどうでもいいと思われているし、その通り。定量分析はこういうあいまいな概念を使わずにやるべきだし、それは十分可能だ。

8. もちろん、がんばって近似を出してみるのは、それなりにおもしろいだろうけど、でも定量分析の基盤にすべきじゃない。

Section III

9. 総需要が増えると思えば事業者は総産出を上げる、というのはつまり総雇用を増やすってことだ。でも経済全体の総産出をはかるのは難しいので、雇用だけを見てやろう。雇用が増えるとその分産出も増える、ということにしよう。

10. つまり、雇用の理論では名目の額面価値と、雇用量しか見ません。あと、細かい賃金の格差も無視。みんな同じ一人あたり賃金（wage-unit）とする。時給に雇用量をかけたら総賃金ね。

11. 労働もホントはピンキリだけど、まあ大勢に影響ない。有能な人は、一人あたり賃金二人分、といった具合に考えよう。

12. このほうが厳密に話ができていいのよ。

13. 産出の変化も、総労働時間だけ見ればいい。設備の差とか技能の差は無視。

Section IV

14. 名目価値と雇用量だけで供給関数は定式化できる。

15. そして産業ごとに求めた式を総和して全経済の話もできる。

Chapter 5: Expectation as Determining Output and Employment

第5章 産出と雇用を決めるものとしての期待

■Abstract

生産には時間がかかるので、将来についての期待が今の経済活動を左右する。

短期期待は、同じ設備での生産量を変える。長期期待は設備投資を左右する。

ただし期待は変わるので、現在の設備量には、過去の期待変動がつみ重なって反映されているのだ。

■本文

Section I

1. モノを作るには時間がかかる。だから事業者は、作ったものが実際に売られる時点を考え、そのときの市場見通しをもとに、現在の生産をする。

2. 期待には二種類ある。短期の期待と長期の期待と。短期は、生産計画に関する期待。長期は投資計画に関する期待だ。

3. 日々の生産量は、短期の期待で決まる。設備投資は長期だ。そしてこの期待がそのときの雇用量を決める。後になって実際に売れた量は、雇用には直接的には関係ない。単にその後の期待形成にちょっと影響するだけだ。

4. でも期待が雇用を変えるには時間がかかる。

5. 期待の水準が同じで時間をかけて安定した雇用は、その期待に対応した長期雇用だ。

6. 期待が、雇用を増やすほうに変わったとする。すると事業主は、まずは人手をちょっと増やす。その後、設備投資をして、それにあわせてまた人手を増やし、ちょっとオーバーシュートしてから落ち着いて、安定した長期雇用に達する。その逆もある。

7. 実際には、新しい長期雇用になる前に期待がまた変わるので、話はさらにややこしい。

Section II

8. ということは、ある時点の雇用は、その時点の期待だけでなく、それ以前の期待にも左右されるってことだ。でも、過去の期待は設備投資に含まれていると考えられる。だから現在の雇用は、現在の設備資本と現在の期待で決まると言える。

9. あと、長期の期待は考えるけど、短期は細かいから無視していいはず。短期の期待は、ほとんどが直近の実績に左右されてるんだし。

10. ただし、耐久財の場合には、生産者の短期期待は投資家の長期期待に左右されてる。これは直近の実績だけじゃ判断できない。また長期期待は急変する。これは第12章で見る。だから長期期待は慎重に考えるべし。

Chapter 6: The Definition of Income, Saving and Investment

第6章　所得、貯蓄、投資の定義

■Abstract

所得とか貯蓄とか投資の定義はいろいろあるので、ここできちんと定義する。

なるべく会計的に筋の通った考え方をしよう。すると、社会全体では総投資と総貯蓄が必ず一致することがわかる。

[ちなみにここに出てくる A だの G だの U だのという記号はこの先一切出てこないので、まったく知る必要なし！　当時はまだこうした概念が整理されていなかったが、いまはこの章は読みとばしてもOK。社会全体では貯蓄と投資が等しい、ということだけ頭にいれればいい]

■本文

Section I　所得

1. 適当に期間を取ると、その間に事業者は、作り上げた産物を A という値段でだれかに売っている。また、他の人が作ったものを A_1 という値段で買っている。さらに設備とか産物の在庫とか原材料とかの資本設備 G を持っている。

2. するとその期間にその人は、A だけ売って、A_1 だけ買って、G 持っているので、手持ちは $A+G-A_1$ ってことになるが、その一部は前から持っていた資本設備のおかげだ。その分を差し引くとこの期の正しい所得が出る。

3. 差し引き分を計算する方法は二種類ある。供給側から入る方法と、需要側から見る方法だ。

4. （i）資本設備の価値 G は、その人が過去に仕入れたり設備のメンテをした結果として生じた。製品の生産に使わなくても、最適なメンテ水準というのはあったはず。この期にこの設備を生産に使わなくても、B' のメンテをやって、期末の価値が G' だったとしよう。すると生産に使わなかった場合の設備純価値最大値は $G'-B'$ となる。一方、使った場合の純価値は $G-A_1$。この両者の差が、A の生産で使われた分ということになる。この差を、利用者費用 U と呼ぼう。そして生産に使う原材料や労働を、A の要素費用 F と呼ぼう。$F+U$ が A の生産にかかわる総費用だ。

5. すると企業家それぞれの純所得は $A\text{-}(F+U)$ だ。そして経済全体で見ると、だれかにとっての F は、別の人にとっての A の一部だから相殺される。したがって経済全体の純所得は $A\text{-}U$ となる。

6. これであいまいなところはないでしょ？

7. あと、利用者費用 U がマイナスになることもある。でもこれは例外的な場合だけだ。

8. ついでに、期の経済全体の総消費（C）$= \Sigma (A\text{-}A_1)$ になり、総投資（I）$= \Sigma (A_1\text{-}U)$ になるよ。

9. あと、有効需要というのは純所得とかを無視して費用も何も含めた総売上だと思えばいい。

10. またこの定義は、限界売上を限界要素費用と等しくできるというメリットもあるのだ。

11. （ii）いまの話は企業家の自発的なメンテ支出等々から導いたもの。でも自発的でない偶発的な損失や陳腐化にともなう価値の滅失なんかがある。そしてその中には、突発的なものもあるけれど、予測のつくものもある。この予測のつく分（陳腐化とか経年劣化とか）を補填費用 V と呼ぼう。

12. つまり純所得や純利益は、総所得や総利益から補填費用を引けばいい。だから総純収益は $A\text{-}U\text{-}V$ と表される。

13. あと、予測のつかない偶発的な設備の減失というのもあるがその推定はむずかしくウダウダ。

14. V は心理学的に重要で、その大きさによって短期の消費が左右される。

15. でもそれ以外の偶発的な費用はめんどうくさいしどうせ予測できないんだから、まあ補填費用に含まれることにしちゃいましょう。

16. 補填費用の話はこれが精いっぱい。

17. 結局この定義は、マーシャルやピグーによる所得の定義とかなり近くなったね。

18. てなわけで、純所得の定義ができたが、まだあいまいなところが残る。ハイエクの議論はこうした定義の差から生じている。

19. だから純所得というのは使わないようにして、通常の所得だけ考えよう［つまりこの（ii）の話は見るだけ無駄］。

20. ちなみにこの定義はなるべく慣用に近くなるようにしてある。拙著『貨幣論』ではちょっと特殊な定義を使ってしまった。あれは今にして思えばまちがい。混乱させてごめん。

21. 貯蓄と投資という言葉はいろいろ定義がありすぎる。貯蓄は所得から消費を引いたものだというのはみんな合意する。所得はさっききちんと定義した。すると問題は消費ということばで、往々にして消費する消費［支出］と投資の消費［支出］とがごっちゃになっている。でも消費支出はさっきの話で $C=\Sigma(A-A_1)$ だと言えば厳密に定義できる。ちなみにもう総和記号はこれからつけないことにする。

22. 所得と消費が定義されたから、貯蓄も簡単に定義できる。所得から消費を引けばいいから、$(A-U)-(A-A_1)=A_1-U$ ってことだ。

23. 同じように、短期の投資も定義できる。短期の投資はその期の生産活動で資本設備に追加された価値だ。これは明らかに、さっき貯蓄として定義したものと同じになる。だって、これはつまり所得のうち消費されなかったものってことでしょ。なら同じだ。

24. つまり貯蓄は個別消費者の集合的な行動の結果で、投資は個別投資家／事業家の集合的な行動だけれど、どっちも所得から消費を引いたものだから、必然的に同じになる。これはアイデンティティだから絶対に揺るがない。

25. なぜこの恒等関係ができるかというと、取引ではその資本設備の生産者と購入者がいるからだ。片方の払った分が厳密に片方の儲けとなる。総和を考えると、さっきの恒等関係が成立し、投資と貯蓄は等しくなる。

26. ［貯蓄したいという人と投資したいという人とがうまくマッチしない場合があるんじゃないの？という反論はあるだろう］。もちろん両者がお高くとまって取引が成立しない場合は理論的には考えられるけれど、実際にはだいたい折り合いのつく価格がある。

27. ［どうしても両者が等しくなるという発想になじめなければ］考え方としては、貯蓄を考えるよりも人が消費をどういうふうに決めるかを考えたほうが理解しやすいかも。消費額はみんな勝手に決められる。でも投資や貯蓄は、その消費の結果としてどうしても制約されてしまうでしょう。その意味で今後は、貯蓄性向を考えるよりむしろ消費性向を考えて議論を展開しよう。

おまけ 利用者費用に関する付記

［話がさらに細かくなるので略。興味があれば実物を読んでください］

Chapter 7: The Meaning of Saving and Investment Further Considered

第7章 貯蓄、投資の意味をもっと考える

■Abstract

貯蓄と投資が必ず等しくなるという議論に違和感を覚える人もいるだろう。

両者が一致しないという議論をする人もいるが、それは通常、投資とか所得という用語の定義がちがうせいだ。

そしてその違和感は、ミクロの議論とマクロの議論をごっちゃにするために生じる。一人が自分だけ自由に貯蓄を増やしても、その人の投資は変わらないことはある。でも社会全体で見ると、これはあり得ない。実はその個人の「自由」も、他の要因を通じていろいろ制約されていて、社会全体では絶対に貯蓄と投資は一致する。

■本文

Section I

1. 前章の定義で、貯蓄と投資が社会全体では必ず等しくなり、両者が同じものを別の角度から見ているだけだということになった。でもこれが必ずしも成り立たない定義を使っている人もいる（それ以前に勝手な思いこみでものを言っている人もいる）。そういうのをふりかえってみよう。

2. 貯蓄というのが、所得から消費分を引いたものだ、という点はさすがにみんな合意するようだ。消費というのもみんな合意している。すると問題は、所得の定義と投資の定義にあるわけだ。

Section II

3. まずは投資から。普通、投資といったら人や会社が資産を買うことだ。株を買うことだけを投資と呼ぶこともある。でも家を買うことを投資と呼んだり、機械を買ったり各種の品物を買うのを投資ということもある。でも投資を売却したらマイナスの投資になることを認めるなら、この用法とここでの定義とは同じになる。

4. この定義だと投資は、資本設備（固定資本、運転資金、流動資本）の増分だ。いろんな定義の差は、この中のどれを含めるかで生じる。

5. ホートレーは、流動資本の変化をえらく重視する。つまり売れ残り在庫の増減がかれの主眼だ。だからホートレーは、投資からその部分は抜こうと主張する。この場合、貯蓄が投資を上回るというのは、売れ残り在庫が予想外に増えたということになる。でも、なぜそこだけ重視するのかわからん。在庫は意志決定の材料として重要だが、他の要因だって重要だ。

6. あとオーストリア学派の資本形成とか資本消費というのは、なんかここで定義した投資やマイナスの投資とはちがうらしい。特に資本消費というのは、明らかに上で定義したような資本設備の減少が起きないときでも生じるみたいだ。でも、これをきちんと定義しているものがまるっきり見あたらなくて意味不明すぎ。

Section III

7. 次に、所得の定義が特殊なために貯蓄と投資が食い違っている例を見よう。これは拙著『貨幣論』が事例だ。あそこでの「所得」というのは実際の所得ではなく、いわばかれらの「通常の利益」を指していた。だから貯蓄が投資より多いというのは、資本の収益率が通常より低いという意味になっていた。

8. あそこで言おうとしていたことはまちがってはいない。本書での議論もあれの発展形だと思っている。でもいま考えると、当時の理屈は不完全でわかりにくかった。

9. D.H.ロバートソンは、今日の所得を「前期の消費+投資」と定義している。これだと、貯蓄が投資を上回るというのは、ケインズ式の所得が低下するというのとまったく同じことだ。

Section IV

10. さて、「強制貯蓄」という変な概念を使う人がいる。ハイエクとかロビンスがこの用語を使うけれど、ちゃんと定義しないし、どうもお金の量や銀行与信の量で計測するもののようだ。

11. お金の量が変わると確かに貯蓄量も変化するかもしれない。でも別にそれは「強制」されたわけじゃない。貯蓄を見てもそれが区別できるわけでもない。それにお金の量が同じでも貯蓄は他の条件に大きく左右される。

12. 標準的な貯蓄を定義しないと「強制貯蓄」なんていう概念は無意味だ。完全雇用のもとでの貯蓄量を標準とすることはできる。でもそれだと「強制貯蓄」なんてのはほとんどなくなるし、むしろ貯蓄不足のほうが起きやすくなる。

13. 強制貯蓄を扱ったハイエクの論文を見ると、まさにこれがもともとの意味だったらしい。これはもともとベンサムが考えたもので、完全雇用下では意味がある。でもそれを不完全雇用に適用すると、使い物にならない。

Section V

14. 貯蓄と投資が等しくならないという発想が広まっているのは、預金者と銀行の関係についての幻想からきている。預金するとそのお金がいつの間にか銀行システムに吸い込まれて投資に使われてなくなるような印象がある。でもあらゆる取引は双方向なので、一方的に吸い込まれるようなことはない。

15. 銀行の信用創造だって、ちゃんと預金の裏付けがあってできることだ。

16. 投資のない貯蓄はないし、貯蓄なしに勝手にお金がうまれて投資されることもない。ときどき誤解されるのは、一人が貯金したらその分だけまったく同時に投資が増えるという誤解だ。でも場合によってはある人が貯金を増やすとその分他の人が貯金を減らしたりすることもあるので、個人の個別投資と総貯蓄はいっしょにしないこと。

17. 投資の量は人の自由意志で決まるという発想は、社会全体では合成の誤謬となる。全員が同時に貯蓄を増やすことはできないのです。

18. これはみんなの手持ちのお金の量でもいえる。個々人は手持ちのお金を自由に増減できるとはいえ、社会全体のお金は、金融システムが作り出したお金の量に制限される。「自由に増減」といっても、その自由は所得とか物価に実は左右されているのだ。

19. 要するにあらゆる場合に、売り手と買い手が両方そろわないと取引は成立しない。個人は小さいので、それを考えなくても取引は考えられるけれど、社会／経済全体を議論するなら、それは無視できない。ミクロの議論とマクロの議論がちがうことをきちんと認識しないと足をすくわれる。個人は社会にほとんど影響を与えずに自分の所得を増やせる。でも社会全体の所得を増やすというのは話がちがうんだから。

KEYNES
The
General
Theory of
Employment,
Interest
and Money

Book III
The Propensity to Consume

要約

ケインズ

雇用と利子とお金の

一般理論

第III巻
消費性向

Book III: The Propensity to Consume
第III巻　消費性向

■訳者の説明

この第III巻は『一般理論』の一つの山。消費性向と乗数理論、そして「無駄でもいいから公共事業やって雇用作り出せ」「なんならお金を埋めて掘り出させるだけでもいい」という有名な話が出てくる。

第8章：稼ぎのうち、消費される部分の比率が消費性向。消費されない部分は貯蓄される。それは投資にまわさないと失業が発生する。

第9章：消費性向が変わる理由はいろいろある。でもミクロな話だけでなく、マクロな話もきちんと考えないとまちがえるので注意。

第10章：投資にまわるお金とそれが総雇用を増やす量との間には比例関係がある。それは社会の平均ではなく限界で考える必要があるので注意。ここから、失業が多いときにはだめな公共事業でもいいからやれ、という結論が出てくる。何ならお金を埋めて掘り出させるだけでもいい［が、これは極論。できればもっと有益なことをしようぜ］。

Chapter 8: The Propensity to Consume: I. The Objective Factors

第8章 消費性向:I. 客観的な要因

■Abstract

雇用水準は総需要で決まる。需要は、総消費と総投資で決まる。

人は稼ぎのうち一部しか消費しない。その消費する率を決める関数が消費性向だ。

消費されない部分をそのままにしたら、失業が発生する。その分は投資で補うしかない。

また減債基金とか修繕用積み立てなんかはマイナスの投資として機能するので注意しよう。アメリカやイギリスの恐慌はこうした積み立てがやたらに推奨されるせいかもしれないよ。

■本文

Section I

1. 定義の話が終わったから、もともとの「雇用の量は何で決まるのか」という問題に戻ろう。総需要と総供給の交差する点で決まるんだ、というのはもう述べた。総供給のほうにも問題はあるけれど、これまで見過ごされていたのは総需要のほうなのでそっちを見よう。

2. 総需要関数は、雇用水準と、その雇用水準で得られる「稼ぎ額」との関係をあらわす。この「稼ぎ額」は、その雇用水準での経済全体での消費総額と、投資総額との合計になる。ここでは消費総額だけを見る。

3. ということは、本当ならここで、ある雇用量 N に対して総消費 C がどれだけになるか、という関数を導きたいところ。でもそれはむずかしいので、総所得 Y と総消費 C の関係を考えることにする。すると、

$$C= \chi Y$$

という関係がなりたつはず［原文では、C や Y はすべて一人あたり賃金で測ったものとなっている。あまり意味はないので、ここでは戻している］。この関数 χ が、消費性向というやつだ。

4. 関数 χ , つまり社会全体がどれだけ消費するかは（i）どれだけ稼ぐか 、（ii）その他客観的条件、（iii）心理的なクセ

とかその他主観的条件、で決まる。主観条件は次の章で見るけれど、ここではまず客観的な条件から考えよう。

Section II

5. 消費を左右する条件としては：

6. (1) まず一人あたり賃金の変化がある。同じだけ働いても賃金が上がったら稼ぎが増えて消費は増える。

7. (2) 所得と純所得の差。たぶんかなり一定。

8. (3) 純所得に算入されない資本価値の突発的な変化。手持ち資産の価値が暴落したら、消費を差し控えようと思うよね。

9. (4) 時間割引率の変化。これは金利と似ているけれど、その他にリスクの上乗せ分も含む。金利が同じでも死ぬ確率が増えたら消費額は増える。でもまあ金利と同じと考えていいか。

10. ちなみに古典理論では、金利と消費は反比例することになっていた。でも、金利によって銀行預金がどんどん増えている人はその分消費を増やそうと思うんじゃないの？ だから全体としての影響ははっきりしない。

11. あと、将来見通しが急に不透明になって消費性向が大きく変わるのもここに含めよう。

12. (5) 財政政策の変化。課税の変化によって消費の動向は左右される。

13. それと政府が債務返済用に徴収する減債基金にあてられる分も影響する。

14. (6) 将来の所得変化の見通し。一応いれとくが、個人では意味があっても経済全体で見たらあまり影響しないと思う。

15. こうして考えると、どれを見てもあまり大きな変化要因はなさそうだから、消費性向ってのはあまり変わらないんじゃないかと思う。

16. 消費支出は全体としてみると、総産出と雇用だけでだいたい決まっているようなので、それを「消費性向」という一つの関数にまとめてもいいんじゃないかな。他の条件は全部そこにひっくるめていいんじゃないかな。

Section III

17. 消費性向がかなり安定したものなら、その関数はどんな形なんだろうか。

18. 心理的にどう考えても、人は所得が増えたからといって、その増分をすべて消費にまわしたりはしない。要するに、$\frac{dC}{dY}$ はいつもプラスだけれど1より小さい。

19. これは特に短期の場合にそうだ。短期だと、人の習慣が変化するだけの時間がないからだ。

20. 所得が増えると、所得と消費の差額［つまり貯蓄］も増える。そして所得が増えるほど、消費にまわる割合は減る。

21. でも雇用が減って所得総額が減ると、政府は借金しても消費を保とうとし、個人も貯蓄を取り崩すから、消費はそんなに減らないかもしれない。減るときも、消費は所得ほどは減らない。

22. つまり雇用を増やして賃金で支払う分が増えても、消費はその分ほどは増えないので、投資でそのギャップを埋めないといけない。だから雇用増は投資増と対にならないとダメだ。

Section IV

23. 雇用は期待消費と期待投資の関数だが、消費は純所得の関数で、だから純投資の関数にもなる。投資のために付加的な支出がたくさんいるようなら、消費はおさえられる。

24. でも、ある雇用水準の元で手持ちの資金が投資額と消費額を上回ったらどうしようか。そうしたらそのお金は新しい投資に向かうしかない。

25. たとえば家の減価償却分が減債基金に入ってまったく使わなければ、その分は雇用を引き下げてしまうが、家の再建時にはその分が一気に有効に使われる。

26. 規模が一定の経済だと、減価償却分は、その年に新たに建てられる建物の分で相殺されるのでこの話は特に意味はない。

でも急成長した経済が急に横ばいになったら、減価償却分を補えるほどの投資がしばらくは起きない。急速償却が認められたりしている場合にはなおさらだ。

27. アメリカでは1929年に数年にわたる新規建設ブームがあって、そのための減債基金が貯まりすぎて、それをどこかに投資するしかなかったけれど、その行き先がなかった。これも恐慌の原因となっただろう。堅実な会計の名の下にこうした減債基金がたくさん設置されて、事態はさらに悪化した。

28. 現在のイギリスでも第一次大戦以来、新規の住宅などの投資が多くて、減債基金がたくさん設置された。それは政府が地方政府に義務づけたりまでしている。でもこれが失業を悪化させている面も大きい。

29. これはイギリスにおける総投資と純投資の実際の数字を見てもわかる。

30. クズネッツもアメリカの数字を見て似たような結論に達しているよ。

31. 1925-29年は資本形成が盛んだったが、その後は純資本形成は急落している。

32. が、閑話休題。でもすでにかなり資本のある社会では、この分を社会全体の所得から差し引く必要があるし、それはかなり大きくなることをわかってくださいな。

33. 当然のことだけれどあらためて繰り返すと、経済活動はすべて消費するために行われる。雇用機会は総需要だけで制約される。総需要は現在の消費、あるいは現在の時点で将来消費のためにとっておかれる部分で決まる。みんながあまり将来の消費のために貯金すると、それは総需要を減らしてみんなが苦しむことになる。でも、所得が増えれば消費との差も増えるのでこれは解決がむずかしい。ある程度失業が生じることで、消費が所得より少なくなる分が制限されるようにするしかない。

34. 別の言い方をすると、現在の消費は、現在作られたものと、過去に作られたもので行われる。過去に作られたものが多ければ、現在作られるものに対する需要は少なくなる。現在の消費性向を減らしてその分を投資にまわしたら、いつか消費性向が高くなって投資による生産を吸収できる見通しがないと、必ず将来に失業をもたらす。

35. この話は通常は公共投資の場合でしか考えられないけれど、民間投資にもあてはまる。でもなかなかこれは理解されない。

36. これは投資というものを消費とまったく独立に考えてしまうから生じるまちがいなのだ。

Chapter 9: The Propensity to Consume: II. The Subjective Factors

第9章 消費性向: II. 主観的な要因

■Abstract

消費性向を左右する主観的な理由はいろいろある。

でも社会全体で考えると、それはあまり意味がない。

そして、金利が上がったら貯蓄が増えるといった安易な考えはすてること。それは投資をおさえ、結果としてみんなの所得を減らし、貯蓄はかえって下がる。

つまり個人ではなく、社会全体としての収支を考えると、話はまったくちがってくるので注意すること。

■本文

Section I

1. どのくらい消費するかは、主観的な要因や社会的な要因でも決まる。ざっと見よう。

2. 所得を使い果たさない理由としては：
(i) 不測の事態に備える
(ii) 高齢や教育用の貯金
(iii) 金利生活のための原資
(iv) あとでたくさん消費するためにいまはちょっと消費を抑える
(v) お金を持つこと自体で独立性の気分を味わう
(vi) 投機活動の原資を作る
(vii) 財産をため込む
(viii) とにかくお金が好き
といった理由があるだろう。

3. 用心、計画性、計算高さ、改良、独立性、起業家精神、名誉、守銭奴、といってもいい。その動機としては、楽しみ、近視眼、鷹揚さ、計算ミス、豪奢等々があるだろう。

4. また個人ではなく国レベルでやっていることもある：
(i) 将来の資本投資のための貯金
(ii) 非常時のための流動性確保
(iii) 自分が効率性が高いふりをするために当初は意図的に消費を避ける

（iv）用心のために貯金
といったものだ。

5. ときには消費が所得を上回ることもある。たとえば高齢になったら預金を食いつぶすとか。

6. これらの動機は、生まれ育ちや社会慣習に左右されるもので、そんなに急激には変わらないだろう。決まった性向があってそれはゆっくりしか変わらないということにしておけば、深入りしないでもすむ。

Section II

7. こうしたものが重要で長期的にしか変わらず、金利とかは消費性向にあまり影響を与えないなら、短期の消費変化は所得の変化に左右されるのであって、消費性向の変化に左右されるものではないといえそうだ。

8. でも、金利は消費性向には影響しないけれど、実際の消費／貯金の絶対額には大きく影響することをお忘れなく。でも、その影響の向きは一般の常識とは逆だ。金利を上げると将来の所得が増えるから、貯金が増えそうなものだが、実際には金利を上げると貯蓄は減る。総貯蓄は総投資で決まる。金利を上げれば投資は減る。だから金利が上がったら、それは所得水準を減らして、貯金と投資を一致させるように作用する。金利を上げると、貯蓄と消費はどっちも減るわけだ。

9. 要するに、金利が上がると総所得に占める貯金の割合は増えるけれど、その後総所得が下がることで実際の貯蓄総量は減る。

10. 所得が同じだったら、金利増で貯蓄は増えるだろう。でも高金利で投資が減ったら、所得も変わらざるを得ない。みんながまじめに貯金して倹約すればするほど、金利が増えたときの所得の減り方は大きくなる。

11. だから実際の総貯蓄の比率は、主観的な要因等々にはまったく影響されない。金利が投資に有利かどうかで決まる。

Chapter 10: The Marginal Propensity to Consume and the Multiplier

第10章 限界消費性向と乗数

■Abstract

社会全体としては、所得が増えたらその一部を消費して、一部を貯蓄／投資にまわす。消費にまわす分の比率を「限界消費性向」と名付けよう。

消費にまわらない分は、貯蓄になり、それは投資に使われる。投資が増えるとその分、社会の総所得も増える。その比率を乗数と呼ぼう。

限界消費性向が高ければ、乗数も大きい。公共事業をして投資を増やすと社会の総所得［つまり総雇用］を大きく増やせる。公共事業自体はダメでも、それが雇用を生み出すことで有益なものになり得る。

ちなみに、ダメで無駄な公共事業でも有益なのに、いまの世間は無駄な公共事業はダメとこだわり、それが社会全体にもたらす失業減少効果を考えない。平然と無駄なピラミッドを作れた古代エジプトのほうがよかったかも。

■本文

1. 第8章で見たとおり、消費性向が一定なら、雇用は投資に比例する。ということは、所得と投資、そして投資とそれによる雇用の増分は比例関係になる。つまりこれらの間には乗数がある。これ、すごくだいじなところ。でも、その前にまず、限界消費性向ってものを考えよう。

Section I

2. ふつうは、たくさん働けば所得は増える。収穫逓減を考えるとあれこれあるが、実質所得を一人あたり賃金（賃金単位）の倍数として考えると便利。

3. さて、社会全体で見ると、所得が増えてもそれが全部消費にまわるわけじゃない。所得の増えた分 ΔY は消費の増えた分 ΔC より大きい。これを微分っぽくして $\frac{dC}{dY}$ というのを、限界消費性向と定義しよう［ここらの数字は、もとはすべて添字 w がついているけれど、これは例の一人あたり賃金で測った、というやつ。あまり重要でないのでここではとった］。

4. 限界消費性向はとても大事。社会の次の稼ぎが、消費と投資でどんなふうに分配されるかがこれで決まるからだ。消費の増える分が ΔCで、投資の増える分が ΔI ならば、$\Delta Y=\Delta C+\Delta I$ となる。この比率がだいたい同じだとすると $\Delta Y=k\Delta I$ と書ける。限界消費性向は $1-\frac{1}{k}$ になる。

5. ここで k を投資乗数と呼ぼう。総投資が1単位増えたら、総

所得はその k 倍増えるってことですな。

Section II

6. カーンも似たような乗数を考えていて、かれは投資が雇用を増やす分が総雇用にもたらす変化の乗数を見ている。雇用乗数というべきか。

7. 雇用乗数と投資乗数が同じになるべき理由はない。産業ごとに雇用の具合はちがうから。ただ話を単純化して、これを同じものだとしてもいい。

8. たとえばある社会では、所得が増えたらその9割を消費にまわすとしよう。乗数 k=10 になる。そして、最初の投資が増やした雇用に対し、総雇用は10倍増える。所得が増えても消費が一切増えなければ、総雇用の増分は最初の投資が増やした分だけになるし、所得の増分をすべて消費にまわす社会なら、雇用は無限に発散して物価も発散する。

9. 結局、社会として投資を増やすには、人々が貯蓄にまわす分を増やさなくてはならない。人が貯蓄を増やすのは、所得が増えたときだ。その増分は、投資の増分に対応する。所得が増えたときにどのくらい貯蓄を増やすかは、心理学的な要因で決まる。

10. すると、もし限界消費性向が1に近いなら、ちょっと投資が変わるだけで雇用は大幅に変わるけど、ほうっておくとどんどん悪化する。逆もなりたつ。前者なら、非自発的失業はすぐになおせる。後者だとがんばらないとダメだけど、ほうっておいてもどうってことはない。現在はその間くらいで、雇用を増やすには投資をかなりしないとダメだけど、でもほうっておくとすぐ悪化するという悪いとこ取りになっている。

11. 完全雇用が実現されたら、それ以上投資を増やそうとしても物価が上がるだけ。

Section III

12. これまでの話は、純増を扱っていることに注意。実際には、公共投資で雇用が1000人増えたら、その分他のところで雇用が減って、純増分はずっと少なくなる可能性がある。

13. そういう可能性としては、いくつか無視できないものがある：
   (i) 公共事業で金が流れ込むと、金利が上がって他のところでの投資が減るかもしれない。
   (ii) みんな心理的に混乱して、安心が下がって、流動性選好が上がるとかして、投資に流れる金が下がるかも。
   (iii) 投資の増分の一部が外国に流れるかも。ただし逆の可能性もある。

14. さらに公共投資がでかければ、それがじわじわと限界消費性向を変えることだってあるでしょう。

15. その他いろいろ考えられることはある。でも、どの要因もおおむねこの傾向を相殺するより加速するものばかり。

16. また、大規模な投資より小規模な投資のほうが乗数は大きいでしょう。大規模だと、全体的な効果は限界消費性向の変化をならしたものになってしまうので。

17. ま、これはいずれにせよきちんと計測しようとすると面倒くさい。貿易とかあるといろいろ変えないとダメだし。

18. ただし、一般的な話としてはこの乗数は成り立つでしょ。国民所得に比べてあまり大きくない投資量が変わるだけで、総雇用や総所得が大幅に変わることを理解するにはもっと検討を進めよう。

Section IV

19. ここまでの話は、生産者が未来のことを合理的にきっちり見通して、価格その他をすぐに変えるという想定があって初めて成立する。

20. でも、実際には資本財産業の生産はそんなにきちんと見通せないこともある。すると、雇用への影響は少し遅れて時間をかけて生じる。これを考えると、乗数の話はちょっとわかりにくくなるようだ。

21. 予想外の［または予想が不十分な］資本財増加は、すぐには投資増にはつながらないかもしれない。その場合、まず反応が始まる時期が遅れ、その後の投資増大もじわじわくる。そうなると限界消費性向も、本来の値から一時的にずれる可能性がある。

22. だから資本財産業が拡張すると、その後の総投資増大は［ドンとまとまって起こるのではなく］数期にまたがって生じるし、限界消費性向も、均衡値や予測値からずれる。でもどの期でも、その期の中だけで見ると乗数理論はちゃんと成立している。

23. これを理解するには、極端な例を考えよう。資本財産業での雇用拡張がまったくの不意打ちだったとき。すると最初、消費財の産出はまったく変わらない。資本財産業で新規に雇われた人たちが消費を増やすから、消費財の価格は上がる。一方で価格が上がって人々が消費財の消費を遅らせたり等々で、とりあえずの均衡価格に落ち着く。でもその後、人々は遅らせた消費を取り返そうとしていつもより消費を増やすし、消費財産業のほうは新しい需要水準に対応しつつ減った在庫を回復させようと生産を増やすので、資本財での生産増以上の増加を一時的には見せる。

24. 予想外の変化の影響が浸透するのに時間がかかることが重要になる場面はある。でもそれで乗数効果の理論の意義が減るわけじゃない。あと、生産増が小規模で既存設備の稼働をあげるだけでいいなら、遅れも大したものにはならない。

Section V

25. まとめると、限界消費性向が大きいと、乗数効果も増え、投資変化が雇用に与える影響も増える。じゃあ、貯蓄率の低い貧乏な社会のほうが、ものすごい変動にさらされるってことだろうか？

26. そうとは限らない。これは平均消費性向と、限界消費性向をごっちゃにしている。限界消費性向が高いと、投資の変動率に対する影響の比率は上がるけれど、平均消費性向が高ければその影響の絶対額は小さくなる。

27. 限界と平均のちがいを数値例で考えよう。ある社会では、既存の資本設備を500万人雇って動かして生産すると、その生産分は全部消費してしまう。追加で10万人雇って生産した分は、99%が消費される。さらに10万人雇って生産した分は、98%だけ消費され、次の10万人の生産分は97%……ということにしよう。そして完全雇用は1,000万人だ。

すると、50+n × 10万人が雇用されているときの限界での乗数は$\frac{100}{n}$になって、国民所得の$\frac{n(n+1)}{2(50+n)}$が投資にまわされる［収穫逓減は考慮されていないので、追加雇用で生産される量は一定］。

28. すると、520万人が雇用されているときの乗数は、50でとても大きい。でも投資は所得のほんの一部、0.06%にしかならない。すると、投資が$\frac{1}{3}$に激減した場合でも、雇用は510万人になり、2%減るだけですむ。

一方、雇用が900万人になったら、限界での乗数は2.5でかなり小さい。でもいまや投資は現在所得の9%と、ずっと大きくなる。ここで投資が$\frac{1}{3}$になったら、雇用は730万人になり、つまり19%も減ってしまう。

投資がゼロになる極端な例を考えると、前の場合なら雇用は4%減るだけだが、後者だと44%も減る。

29. いまの例だと、貧しい［つまり生産量が小さい］ほうの社会が貧し

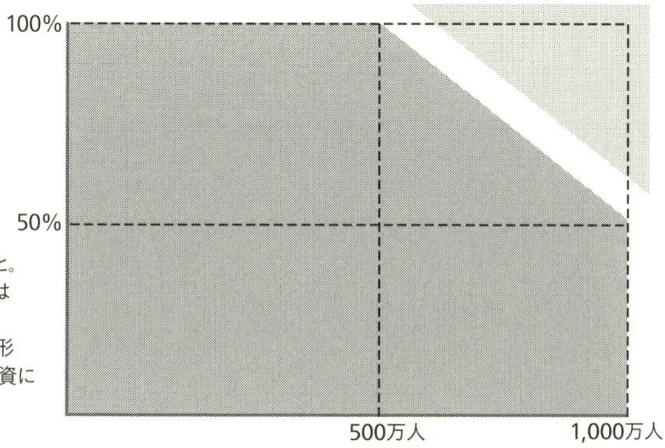

要するにこういうこと。濃いグレーの部分は消費される。右上の欠けた三角形の部分が貯蓄／投資にまわる。

いのは、雇用が少ないせいだ。でも、貧しい理由が技能の低さや設備の質の悪さのせいであっても話は同じ。貧しい社会は乗数は大きいけれど、雇用に対する影響は豊かな社会のほうがずっと大きい。

30. いまの例でもう一つわかること。公共事業で同じ数の人々を雇う場合、総雇用に与える影響は、失業率の高い社会のほうが低い社会よりずっと大きい。いまの例だと、雇用が520万人に落ち込んでいたら、公共事業で10万人雇うと総雇用は640万人に増える。でも総雇用が900万人だと、公共事業で10万人雇っても総雇用は920万人になるだけだ。だから、失業が高いときには、それ自体としてはダメな公共事業であっても、失業対策が減る分で十分おつりがくるかも［消費性向にもよるが］。一方、完全雇用に近づいて消費性向が下がると、公共事業の効果は激減する。

31. いろんな状況での消費性向を統計から計算することもできるはず。でもいまの統計はそこまでの精度はない。知る限りいちばんいいのが、アメリカを例にしたクズネッツのやつだけど、これで見ると投資乗数はぼく［ケインズ］の予想よりずっと低い。数年まとめると、乗数は3とか2.5とか。すると消費性向は60-70%くらい。好況期ならありだが、いま［1930年代］の不況時だとどう見ても低すぎる。投資のお金だけがつぎ込まれて、それが設備改善にうまく使われなかったせいかもしれない。あるいは統計の問題かも。

Section VI

32. 借り入れをして公共投資を行うのが「無駄な」支出と批判されることがあるけれど、いまの議論を見ると無駄な公共支出でも社会を豊かにすることがわかる。ピラミッド建設や地震や戦争ですら国富を増やせるかもしれない。

33. 常識はこういう変な結論をいやがるもんだ。だから、この手の議論を通すには、なまじ「ビジネス」的な判断でケチがつき易い、多少はいいけど無駄の多い事業をするよりは、まるっきり無駄に見える公共事業をしたほうがいいかも。たとえば、お金を穴に埋めて掘り起こさせるとか。

34. お金を埋めて掘り起こさせるのは、まったく国富に貢献しないし、できれば住宅建設とかしたほうがいい。でもそれが政治的に困難ならお金を埋めて掘らせるのでも、何もしないよりはましだ。

35. これは金鉱掘りとまったく同じ。金の埋蔵がたっぷり確認されると、世界の実質の富も急激に増える。また借金してでもやるべき支出として政治家が認められるのは戦争しかないようだ。これらは実際には世界の実質の価値には何も貢献しないが、でも富の増加には貢献した。お金を使うなら、もっとましなことをやるほうがいいんだけどね。

36. それにほかの事業だと、家を建てたらその分ほかの家の効用が下がる。でも金鉱堀りならそんなことはない。その他いいことあれこれ。

37. 古代エジプトは、金鉱探しとピラミッド建設の両方をやっていた点で立派。中世は、聖堂を作ったりした。ピラミッド二つ作ったら二つ分の事業ができてお互いの効用は［ゼロだから］減らないけれど、鉄道を同じところに二つ作るわけにはいかない。その意味で、有益な公共事業ばかり追求して無駄な事業ができない自縄自縛の状況にぼくたちはいるのかもしれない。

KEYNES
The
General
Theory of
Employment,
Interest
and Money

Book IV
The Inducement to Invest

要約

ケインズ

雇用と利子とお金の

一般理論

第IV巻
投資をうながす

Book IV: The Inducement to Invest
第IV巻　投資をうながす

■訳者の説明

この第IV巻は、III巻と並んで『一般理論』のメインディッシュ。金利についての議論を、流動性選好の話と資本の限界効率から導き出し、失業が発生するのは信用貨幣を使っているせいだという議論を展開。お金がなぜ特殊か、その性質がなぜいろいろな現代経済の特徴を生み出すのかについて論じている。

第11章：ある設備投資をしたら、それがどれくらい長期的な生産を増やすかを、投資の見込み収益という［むろん将来予想収益を現在価値換算してね］。通常は、この見込み収益の率が金利と等しくなるまで投資が行われる。

第12章：見込み収益は、人間の心理状態で変わる。昔は見込みなんか計算せずアニマルスピリットで勝負一発の投資だった。今日では株式市場が見込み収益を毎日評価しているはずだが、投機的な要因が多くて、みんなお互いの顔色ばかり見て乱高下する。

第13章：金利は、所得のどれだけを未来の消費にまわすか［つまり貯蓄するか］を決めるのではなく、その未来にまわす分を現金で持ちたいかどうか［流動性選好］で決まる。そしてこれは、将来の金利見通しで投機的な判断を通じて変わる。この仕組みを通じて、お金の発行量が金利を左右する。

第14章：古典派の理論では、投資需要と貯蓄意思を均衡させるのが金利とされるが、この二つは独立でないのでこの理論は変だ。それに、お金の総量を金利に関係づける仕組みもない。

第15章：人が流動性［手持ち現金］を欲しがる理由は、ビジネス上の運転資金や生活資金、そして用心のための現金ニーズの他に、投機による現金需要がある。この投機需要と人々の将来見通しのちがいが債券市場を成立させ、お金の発行量と金利を関係づける。これは心理的な要因が大きい。ただしその心理に根拠はないから、当局の決然とした動きはそれを大きく左右する。金利が下がり過ぎると流動性の罠が生じる。

第16章：そのままだと、資本設備のリターンは設備が増えるにつれて下がり、金利と等しくなったら新規投資はなくなってしまう。こうなると、金利生活者は成り立たなくなる。ただしその場合でも、各種のリスクを負担することで得られる収益はある。

第17章：さていろんな財の中でなぜお金だけが特殊なのか？　お金

はほかの財にくらべて、勝手に作れないということ、代替がきかないこと、いくらでも貯蔵できることが特徴。小麦で計った小麦の利率とか、計算できなくはない。でもいまの条件から見て、お金より利率は低くなり、みんなお金のほうを貯蓄手段として選ぶ。お金は、みんなが契約でお金を基準にするとか、賃金がお金をもとに下方硬直性があるとかいう点から、流動性が保証されている。そこには、上の各種条件も効いてくる。でも、お金が一番利子率が高いために失業が発生する。

第18章：一般理論をざっとまとめる。すべては消費性向と投資の限界効率スケジュール、金利で決まる。また経験的にみた経済の状況——上下動するが最高にも最低にもならない——も、各種の心理的な条件から考えて妥当。ただしそれは、絶対不変ではないことに注意。

Chapter 11: The Marginal Efficiency of Capital

第11章　資本の限界効率

■Abstract

ある設備投資をしたら、それがどれくらい長期的な生産を増やすかを、投資の見込み収益という。通常は、この見込み収益の率が金利と等しくなるまで投資が行われる。

このときの見込み収益は、今期だけでなく、将来すべての期間の収益を現在価値換算して使うこと。それがないと、将来についての期待を現在に反映させる仕組みがない。

インフレ期待があると投資が増えるのはまさにこの仕組みによる。

■本文

Section I

1. 投資して資本設備を買うというのは、それを使って得られる生産物を売って得られる、期間1, 2……n 一連の期待収益 $Q_1, Q_2 .... Q_n$ を懐に入れる権利を買うということだ。これを投資の見込み収益と呼ぼう。

2. 一方で、その資本設備の供給価格がある。これはその設備の市場価格のことではないことに注意。その設備をもう一基作ろうとメーカーが思う価格、つまり一般に置き換え費用と言われるもの。

この設備の見込み収益と供給価格との関係は、その種の設備についての資本の限界効率だ。厳密には、見込み収益の割引現在価値と供給価格を等しくする割引率が、資本の限界効率だ［まあ内部収益率IRRと同じ発想ですね］。

3. ここで、見込み収益はあくまで期待であり、供給価格は現在の実際の価格だということに注意。

4. ある種の設備への投資が増えると、その資本の限界効率は下がる。投資で［競合が増えるから］その種の設備で得られる見込み収益は減るし、またその設備への需要が増えるので、供給価格は上がるから。いろんな設備について、投資関数を考えてそれをまとめると、設備一般について投資の限界効率の関数が計算できる。これを投資需要関数と呼ぼう。

5. さて、どの種類の投資であっても、限界効率はその時の金利を上回るはずはない。つまり投資の水準は、資本の限界効率と市場金利とが等しくなる水準となる。

6. 今のを言い換えよう。r 期の見込み収益を Q_r であらわす。で、r 期における1ポンドを、現在の金利で現在価値に割り戻した金額を d_r とする。すると $\Sigma Q_r d_r$ は、設備の供給価格と等しくなる。

7. ここから、投資をうながすには、投資需要による部分と金利による部分とがあることがわかる。これを統合するのは、この第IV巻の最後まで待ってね。ただ、見込み収益や資本の限界効率から金利は導けないことだけは覚えておいてほしい。金利はほかのところから導く必要がある。

Section II

8. 資本の限界生産性とか効率とか効用という用語はよく見かけるけど、なかなかきちんとした定義が見つからない。

9. まず、設備を一単位増やしたことで、一定期間の物理的な生産量（トン、キロ、等々）がどれだけ増えたか、という話なのか、それとも設備を一単位増やしたことで一定期間の価値増加がどれだけか、という話なのか。小麦何トンとか言えなくもないが、他と比較するには価値換算せざるを得ないと思うけど、しばしばあいまいだ。

10. さらに資本の限界効率というのは、絶対値で見るか比率で見るか？　金利と比べるから比率であるべきだと思うが、しばしばあいまい。

11. あと、価値の増分を見るとき、今期だけを見るのか、その後耐用年数ずっとの価値増分を見るのか。Q_1 だけ見るのか、$Q_1, Q_2 \dots Q_n \dots$ まで見るか、ということ。なんか既存文献は Q_1 だけ見ているが、それだと経済理論における期待の役割が見えてこない。

12. こういう話は既存文献では実に不明瞭。マーシャルの『経済学原理』を見ると、たぶんいま言ったようなことがわかっているらしいけれど、そう思えない部分もある。

13. フィッシャーも『利子の理論』で「費用に対する収益の比率」ということばで、ぼく［ケインズ］の言ったのと同じことを言っている。

Section III

14. この話でいちばん深刻な混乱は、これが資本の見込み収益を考えるのであって、今期の収益だけを見るんじゃないのだ、ということを見落とすこと。同じものの生産コストがどんどん下がることが予想されていたら、資本の限界効率は今日の時点で下がるでしょう。

15. お金の価値の変動についての期待も、こういう仕組みで現在の産出を左右する。お金の価値が下がると思ったら、投資が［そして雇用が］刺激される。お金の価値が上がると思ったら、その逆だ［つまりインフレ期待は投資を刺激する！］。

16. これはフィッシャーやピグーの本でも指摘されているけれど、お金の価値変動が事前に期待されたものだ、というのを明示していないので意味不明になっている。

17. お金の価値の変動予想が、資本ストックの限界効率に作用するのではなく、金利に直接影響すると想定してしまったのがフィッシャーやピグーの難点。お金の価値低下による物価高がいきなり金利を上げたら、高金利は通常は投資を抑えるはずだから変でしょう。でも実際にはまず見込み収益が上がるから、投資は促進されるのだ。

18. 金利低下が予想された場合には、資本の限界効率は低下する。今日の設備で生産されるものは、将来の低い金利の設備で作られるものと競合せざるを得ないから。

19. とにかく、設備投資の限界効率が、将来の期待で左右されることを理解するのはとても重要。このために交易サイクルを生み出す大きな限界効率変動が生じる。詳しくは第22章で。

Section IV

20. 投資の規模を左右するリスクには二種類あるけれど、これまではごっちゃにされてきた。一つは事業者［または借り手］のリスク。期待通りの収益を得られるかわからない、という疑念から生じる。自腹の投資なら、リスクはこれだけ。

21. でも借金して投資するときには、二番目のリスクが生じる。これは貸し手のリスク。お金を貸したら踏み倒されるかも、というリスク。あと、第三のリスクとしては通貨の基準が変わることで、これによりお金は実物資産よりちょっとリスキー。でもこれはあまり大きくない。

22. 第一のリスクはほんものの社会的費用だが、事業予測の精度が増すと減る。二番目のは、ある意味で第一のリスクと重複した部分もある。貸し手も、事業の成功を気にするから。

23. これは通常は大した問題じゃない。でもひょっとしたら重要になる場面もあるかもしれない。バブル期には事業者と貸し手の両方がリスクを過小に見積もることになってしまうとか。

Section V

24. 資本の限界効率はとても重要。将来についての期待はこれを通じて現在に作用するから。だから、今期の収益だけを見るのでなくて、将来の収益すべてを現在価値にして見ること。

25. いまの経済学は、定常状態しか考えていないので、今期だけ見ていても話が通ってしまう。でもそれが、いまの古典派経済学の非現実性をもたらしている。ここで述べたような概念を入れると、古典派経済学にあまり手を加えなくても、現実性が増すのでは?

26. 経済の未来と現在とは、耐久設備の論理でつながっている。だから、将来の期待が現在に働きかける経路は、耐久設備の置き換え価格を通じてなのだ。

Chapter 12: The State of Long-term Expectation

第12章 長期期待の状態

■Abstract

資産の見込み収益の推計は、人間心理のせいで現状にえらくひきずられてしまう。

もとはオーナー社長の度胸一発で話は決まったけれど、株式市場ができて話が変わった。でも株式市場のせいで、実際のプロジェクトを見ずに、お互いの顔色を見て短期的な利益を得る投機屋が増え、市場は不安定になっている。まるでほかの人の投票をあてる美人コンテストみたい。

それ以外でも、投資の有無はそのときの気分と勢い、つまりアニマルスピリットに大きく左右される。

だからあまり株式市場をあてにせず、国は自分できちんと投資効率を計算してあれこれやるべき。

■本文

Section I

1. この章では、ある資産の見込み収益を決める要因のいくつかをもっと詳しく見る。

2. 見込み収益の期待を形成する配慮事項の一部は、だいたい確実にわかっている部分もあるし、一部は完全にはわからない未来のできごとに基づく。

　前者としては、各種資本設備のストックや、それで作る製品に対する現在の消費者需要がある。後者としては、資本設備のストックが将来どう変わるか、消費者の嗜好がどう変わるか、設備の寿命の間に有効需要がどう変わるか、といったこと。

　後者の心理的な期待をまとめて長期期待の状態と呼ぼう。これは第5章で述べた短期的な期待とは別物になる。

Section II

3. 期待を形成するとき、不確実なことにあまり重きをおくのはバカだ。だから、人は重要度は低くても、多少は自信をもってわかることに引っ張られがちだ。つまり長期予想は、はっきりわかる現状の実勢値にかなり引っ張られてしまいがちで、ついつい現状をそのまま将来にのばしたりする。

4. だから意志決定を左右する長期期待の状態は、いちばん確率の高い予想に基づくとは限らない。その予想にどのくらい自信がある／安心できるかにもよる。

5. この自信の状態は、実業家が何にもっとも注意を払うかによる。でも経済学者たちはこれをあまり分析せず、おおざっぱな概論ですませている。特に、それが資本の限界効率スケジュールを通じて経済問題に作用することを明らかにしていない。

6. でも、この自信の状態について事前に言えることはあまりない。これは市場やビジネス心理を実際に観察しないとわからない。だからこの章で書くことは、本書のほかの部分とちょっと水準がちがう。

7. 便宜的に、ここでの自信の状態の議論では金利の変化はないものとする。投資の価値の変動は、その見込み収益の期待が変わることだけで生じるとする。

Section III

8. 見込み収益を予想する根拠となる知識は、えらくあぶなっかしいものだ。数年先の収益なんて、ほとんどわかりようがない。十年先のことなんか全然わからない。

9. かつては、オーナー経営者ばかりで、みんな予想利益の計算なんかせず、山勘や度胸一発で投資を決めた。一種のばくちだ。結果が出た後も、収益率がそのときの金利以上だったかだれも計算なんかしなかった。計算したら、結構悪い結果だったんじゃないかな。みんながきっちり計算ずくで投資を決め、だれも勢いで投資しなかったら、鉄道や鉱山はほとんどできなかったかも。

10. でも今では、所有と経営とが分離している。すると新しい要因が入ってくる。証券市場がなければ、投資を何度も計算しなおす意味はない。でも株式市場は毎日投資を評価し直して、個人はそれを見て所有状況を変えられる。でもこれは、現時点の投資に大きな影響がある。証券市場があると、設備を自分で作らなくても、似たような会社の株を買えばすむ。つまりある投資の収益率は、実際にその投資プロジェクトを精査するのではなく、株式市場の類似企業への投資収益で決まってしまう。

Section IV

11. 人はよほどの理由がないと、惰性〔慣習〕で、現状がいつまでも続くと想定しがち。変化するのはもちろんみんな知っているが、どう変わるかわからなければ、間をとって横ばいを想定してしまう。だから、市場価格が常に絶対正しいなどと考えてはいけない。

12. でもこの惰性〔慣習〕計算は、惰性が続くとわかっていれば、結構有効な計算方法だ。

13. 投資市場があって、この惰性にまかせていいと思ったら、投資家が考えるべきリスクは近い将来に大きなニュースがあることだけだからだ。そんなニュースが起こる確率は自分で考えればいいし、たぶんそれはあまり大きくない。すると短期にはその投資は安全ということになり、そして長期は短期の積み上げだから、その投資は長期も安全、ということになる。

14. たぶん証券市場が発達したのはそんな思い込みもあってのことだろう。でもこれには当然ながら欠点もある。この不確実性のため、今日ではなかなか必要な投資が得られない。

Section V

15. この不確実性のポイントとなる要因をいくつか挙げる。

16. (1) 社会の総投資のうち、その事業の本当の状態をきちんと見ていない連中が持つエクイティの比率が高くなると、それをきちんと価値評価する人々の価値判断が株価に反映されにくくなってくる。

17. (2) 既存投資の収益は、各種ノイズのために日々上下するが、それを累計すると市場全体でとんでもない影響が出るかもしれない。

18. (3) 無知な個人の大衆心理で株が買われていたら、実際の見込み収益は全然変わらなくても、ちょっとした噂や勢いで、株価は乱高下する。

19. (4) なかでも一番重要なポイント。ホントなら、専門家の知見がこうした素人の付和雷同を押さえられるはず。でも実際には、株の専門家とかは長期的な投資収益なんか見ておらず、三ヶ月とか一年とか短期の目先の損得ばかり考えている。

20. すると投資家は短期で処分できるように、みんな「流動性のある」株を持ちたがる。でも社会全体で見たら、投資の流動性なんて存在しない。ほんとは、社会としては未来に関する不確実性をなくすことが重要だが、実際には投資家はお互いの顔色をうかがっているだけ。

21. おかげで専門家同士が（無知な素人の手を借りるまでもなく）くだらない椅子取りゲームのようなものを演じ、市場の無用な不確実性を作り出している。

22. あるいは別の表現を借りれば、株式市場の投資のプロたちは、だれが一等に選ばれるかをあてる美人コンテストをやっているようなものだ。みんな自分が美人だと思う人ではなく、ほかの人が美人と思いそうな人を選ぶことになるけれど、でも全員がそれをやっているので、だれが選ばれるかはますます不確実になる。みんなが誰をえらぶかをみんなが当てようとし、その結果をみんなが当てようとし……

23. でも、そんな連中のなかでも、ちゃんと自分なりの評価で投資をしている人は普通に儲けられるんじゃないの、と思う人もいるだろう。でも、いくつかの要因で、いまの投資市場ではそういう人は生き残りにくい。まず、長期のしっかりした予想をしようとすると、まわりの顔色をうかがうより手間暇かかる。それに社会的に有益な投資が最も儲かる投資だとは限らない。長期に得られる収益は、短期の収益より割引率が大きく、現在価値が小さい。投資家はばくち打ちばかり。さらに短期的な市場変動を無視するには、かなり深い懐が必要になる。さらに変人扱いされかねない。

24. (5) ここまでは、個々の投機家の自信の状態だけを考えてきた。そしてその人が、現行金利で無限にお金を動かせると仮定してきた。でも実際はそうはいかない。その人たちにお金を貸す人々の心理、融資の状態とも言うべきものも効いてくる。片方が悪化するだけで、株価は暴落するけれど、株価回復には両方が回復しなくてはいけない。

Section VI

25. 経済学者はこういうのを無視してはいけないが、あまりとらわれすぎてもいけない。市場心理を云々する投機的な部分と実際の事業面とを考えると、投機ばかりが優勢とは限らない。ただし投資市場の組織が高度化すると、確かに投機面が強くなる。ウォール街はそのきわみ。アメリカ人は株式以外でも、平均的な意見が何かについての平均的な意見といったものにえらくこだわる。

26. これは人々が「流動性の高い」投資市場を作ってしまった必然的な結果だ。カジノはあまり入りやすくしてはいけないとされるが、株式市場もそうかも。株取引にもっと課税したら、投機的な取引は押さえられるかもしれない。

27. いまの投資市場の様子を見るにつけ、投資というのは結婚と同じく死ぬまで逃げられなくしたほうがいいかもと個人的には思う。でも、確かに流動性が有益な場面もある。流動性があったほうが、人々はリスクを取りやすくなるから。

28. こうした現代世界の経済生活を乱す自信の危機に対する過激

な解決策としては、人々に自分の稼ぎを消費するか、あるいは特定の資本設備の生産にまわるかの二者択一を強制することかもしれない。強制はよくないけど、消費も投資もしないよりはずっとマシだろう。

29. 現金のタンス預金が社会的に危険だと訴えた人は、たぶんこんなことを考えていた。でもかれらは、実際のタンス預金額に大きな変動がなくても害が起こる［心理的変化で消費や投資をいやがるようになる］ことは見落としていた。

Section VII

30. 不安定要因は投機だけじゃない。人間の持つ性質もある。人は何かをするとき、数学的な計算で動くよりも、その場の勢いで動くことが多い。結果が長期に及ぶ行動をするときには、アニマルスピリット――とにかく行動せずにはいられない気分――で動くしかないことが多い。事業や企業は、自分たちが冷徹な計算に基づいて事業をしているふりをするけれど、そんなのウソ。南極探検にでかけるのとほとんど変わりない。アニマルスピリットが衰えて、威勢のいい楽観論が消えると、起業は沈滞する。

31. 未来に続く希望で動く企業は、社会全体の利益になる。でも、最終的に損が出そうでもやってみようというアニマルスピリットが伴わないと、人はなかなか動かない。

32. これはつまり、好況不況の度合いは必要以上に大きくなるだけでなく、経済的な繁栄というのは、政治的・社会的な気分にやたらに左右されるということになる。政権交代やニューディール政策がビジネスを停滞させるのは、別にその内実のせいではなく、単にそれが世間の雰囲気を変えるからというだけかもしれない。投資の見込み収益を考えるときには、こんなことまで考慮する必要がある。

33. むろんだからといって、すべてが不合理な気分だけで動くわけじゃない。長期的な期待の状態はあまり変わらないし、ほかの要因がそれを補うことも多い。でも、未来を考えるときには厳密な計算だけじゃダメだ、不合理な心理で動くことも多いんだ、ということは忘れないこと。

Section VIII

34. あと、未来に関する無知の影響を多少は緩和してくれる重要な要因もいくつかある。複利計算と、時間に伴う陳腐化のせいで、価値のほとんどがごく短期の見通し収益で決まるような投資も多い。また、賃貸ビルへの投資なら、投資リスクは長期入居契約によって投資家から入居者に転嫁できる。また公共サービス投資では、独占利益によってかなりリスクは減る。また公共投資の中には、そういう収益計算を度外視して行われるものもある。

35. だから長期期待の状態に短期の変化が重要な影響を持っていても、やはり金利の働きは重要で、投資の率にかなり影響する。

36. 個人的には、いまや金利を左右するために金融政策だけに頼るのは成功しないんじゃないかと思う。国は資本設備投資の限界効率を長期的に計算できるし、社会的な利益を考慮できるんだから、投資を直接やる責任も大きいと思う。資本の限界効率の市場による推計は、いままで述べた理由であまりに大きすぎて、金利だけでは補えないと思うのだ。

Chapter 13: The General Theory of the Rate of Interest

第13章 金利の一般理論

■Abstract

金利は、所得のどれだけを未来の消費にまわすか［つまり貯蓄するか］を決めるのではなく、その未来にまわす分を現金でない形で持ちたいかどうか［流動性選好］によって決まる。だって現金でタンス預金したって貯蓄だけど、金利とは関係ないでしょ。

現金で持つ理由は、取引に使うため、金利変動に対する用心、金利変動をもとに儲けようという投機の三種類ある。そして後の二つは、将来の金利が不確実だから生じる。

そして金利は、こうした動機で決まる、お金に対する需要と、実際のお金の量とをマッチさせるものだ。だからお金が増えると金利は［ほかの条件が同じなら］下がる。

■本文

Section I

1. 第11章で、投資量が上下することで投資の限界効率は金利と等しくなる、という話をした。でも、金利そのものはその限界効率とは別物。金利を決める要因も考えよう。

2. きちんとした答えは第14章とそのおまけで検討する。結局それは資本の限界効率と、貯蓄性向を決める心理とをマッチさせるものだってことになるんだが。でもこの二つがわかっただけでは不十分。この二つだけから金利を導くことはできない。

3. では、どうやって?

Section II

4. ある人の時間選好は、独立した二種類の意志決定で決まる。一つは、消費性向にかかわるもの。所得のうちどれだけ消費して、どれだけ将来の消費用にとっておくかという話だ。

5. でもこれを決めたら、次にその将来用の貯蓄部分をどんな形で保有するか、という決定がくる。現金のまま持つとか、何か財に変えて持つとか、いろいろやり方はある。これはつまり、その人の流動性選好だ。条件に応じてどのくらいを現金で手元に置きたいか、という話。

6. これまでの理論は、消費性向だけで金利を導こうとしたからまちがえた。

7. 金利は、貯蓄に対するリターンではないのは明らか。だって現金で持っていると利息はつかないから。金利は、一定期間だけ流動性を放棄することに対する報酬だ。

8. 金利は、投資リソースと現在の消費をあきらめるのとを均衡させる「価格」ではない。財産を現金で持ちたいという欲望と、実際に世の中にある現金の量とを均衡させる「価格」だ。金利が下がれば、人々が持ちたい現金の総量は世の中の現金の量を上回り、金利があがればその逆になる。もしそうなら、金利を決めるのは流動性選好と、お金の量ということになる。流動性選好は関数みたいなもので、それを L として、金利を r 、お金の総量を M とすると、$M=L(r)$ となる。

9. でも、なぜ流動性選好なんてものがあるの？　お金は、取引の道具であるとともに、富を蓄える手段でもある。取引に使うことを考えれば、金利を少し犠牲にしても流動性を持っているほうがいい。でもその他の部分について、利息の付かない形で財産を持っているのはばからしいのでは？　これについてきちんと説明するのは第15章。でもある必要条件がないと、財産を現金で持つ流動性選好なんてものは存在できない。

10. その必要条件とは、将来の金利の不確実性。不確実性がないなら、将来の金利はすべて現時点でわかっている。したがっていつの時点でも、どんな債権の価値も確実にわかるので、だれであれ手持ちの債権を現金にすぐ換えてくれる。だから現金を無理して持つ必要がない。

11. でも不確実性があると、ある負債が将来いくらの価値を持つかははっきりしない。すると長期の債権を買うってことは、ヘタをすると損をしかねないということだ。すると、現金で持っていたほうがいいということになる。

12. それ以外にも、金利の不確実性が流動性選好をもたらすという根拠はある。人によって金利変動リスクの評価はちがう。世間とちがう評価をした人は、世間の意見で決まる金利にしたがうよりは、自分で現金で持っていたほうがいいと思うだろう。

13. これは前に、資本の限界効率の話で述べた議論とかなり似ている。将来の金利が市場の見通しより高いと思う人は財産を現金で持ちたがるし、低いと思う人は借金して債権を買おうとする。この両者の売買のバランスで金利が決まる。

14. つまり流動性選好の動機は三種類。（ｉ）取引動機：目先の取引用に現金がほしい場合、（ii）用心動機：総リソースのうち一定部分を現金で持ちたいという願望、（iii）投機動機：市場の見通しと自分の見通しの差で儲けようとする願望。ここでも、高度な投資市場があることが必ずしも有益とは限らない。投資市場がなければ、用心動機が強くなる。でも投資市場があると、投機動機が増えて流動性選好は乱高下しかねない。

15. 取引動機と用心動機からくる流動性選好は、金利の変動にあまり敏感ではない。これが大きければ、現金の大半はその部分にまわり、投機の部分で動くお金はつりあいが取れるかもしれない。でもこの部分で短期の投機需要しかないと、お金が増えるとすぐに金利が下がって、取引や用心の部分でその現金を吸収することになる。

16. お金の量と金利との関係を描いた流動性選好のグラフは、お金が増えると金利が下がるなめらかな曲線になるはず。理由はいくつかある。

17. まず、金利が下がると、取引動機による流動性選好に吸収されるお金が増える。金利が下がると所得が増えるので、それに応じて取引に使われる現金も増えるし、金利が低いので金利所得の減少をあまり心配する必要もない。また金利が下がると、市場とはちがう将来の金利見通しを持つ人も増えて、かれらが現金を持ちたがる。

18. それでも、お金の量を大きく増やしても金利があまり変わらないこともあり得る。お金の量を増やしすぎると、将来の見通しの不確実性も大きく高まってしまい、用心動機からくる流動性選好が高まってしまうかもしれない。将来の金利の見通しについて、万人が同じ見通しをもったら、現在の金利がちょっと変わるだけで現金が大量に動くことになる。おもしろいことだけれど、このシステム全体の安定性は、その不確実性についての意見が多様であることで担保されているわけだ。イギリス人はみんな意見がちがうけど、アメリカ人は右へならえでみんな同じ意見を持つから、お金の量で金利を操作しようとするのはアメリカでのほうがリスキーかもね。

Section III

19. それはさておき、これでお金が初めてきちんと理論の中に導入されたことになるし、お金の量が変わると経済システムにどんな形で作用するかもちょっと見えてきた。ただし、まだ注意点がある。お金の量を増やすと金利は下がるのが通常だけれど、世間の流動性選好がお金の量より大きく増えたら、金利は下がらない。金利が下がると投資が増えるのが通常だけれど、資本の限界効率がもっと急激に下がっていたら、投資は増えない。投資が増えれば雇用も増えるのが通例だけれど、消費性向が下がっていればそうならないかもしれない。そして雇用が増えると物価も上がる。これは物理的な供給曲線と、賃金上昇とで決まる。そして産出が増えて物価が上がると、金利を保つようにお金の量を増やすような形で流動性選好が左右される。

Section IV

20. 投機動機からくる流動性選好は、拙著『貨幣論』で「弱気の状態」と呼んだものと対応はするけれど別物だ。「弱気」は、資産＋負債の価格とお金の量との関係で、金利とお金の量の関係じゃないのだ。こういう扱いにすると混乱が生じるので、本書ではやり方を変えた。

Section V

21. 「貯め込み」［タンス預金］の概念は、流動性選好とかなり近いものと考えていい。「貯め込み」というかわりに貯め込み性向とかタンス預金性向と言っても、話はおおむね同じだ。でもこの「貯め込み」がホントに現金を手元に貯め込むという話なら、ちょっと不十分だ。貯め込むには、それなりのメリットが必要だ。また、これは世間の意志決定でどうにかできるものでもない。世間の人々が貯め込み性向でできるのは、総貯め込み欲望が現金の流通量と等しくする金利を決めることくらいだ。金利が貯め込みにどう影響するかを見過ごすことで、金利は消費しないことに対する報酬だと誤解されているのかもしれない。実際にはそれは、タンス預金の形で現金を貯め込まないことに対する報酬なのだ［強調は山形］。

Chapter 14: The Classical Theory of the Rate of Interest

第14章 金利の古典理論

■Abstract

古典派は金利を、投資需要と貯蓄意志とを均衡させる要因だと考えてきた。この理屈のためには、投資需要と貯蓄性向とが独立だと考える必要がある。

でも、総所得が変わるとどれだけ貯蓄したがるかも変わる。そして投資が変わると総所得も変わる。だからこれらを独立変数として扱う古典派理論は変。

お金の量を増やしても投資需要や貯蓄意思が変わるべき理由はない。でもお金の量が増えると金利は下がりがち。これは古典派理論のおかしさを示す。新古典派理論はつじつまあわせのため、さらに変な仮定をおいて泥沼になってる。

■本文

Section I

1. 金利の古典理論ってどんなもの？　改めて見直すと、はっきりわからないし、既存文献にも明快な記述がないんだよね。

2. でも、古典派は金利を、投資需要と貯蓄意志とを均衡させる要因だと考えてきたのは確か。投資需要は需要で、貯蓄意志が供給、金利はその均衡価格、というわけ。

3. これはマーシャル『経済学原理』など各種文献には明記されていないけれど、書かれていることを見るとそういう想定になっているのがわかる。

4. 古典派理論を教わってきた人々や学者も、貯蓄をするとそれは価格〔金利〕を引き下げて、それが投資をうながし、新しい均衡価格〔金利〕をもたらす、と思っている。

5. でも前章までの分析で、これは変だということがわかるはず。どこに見解の相違があるのか見るため、まずは合意できている点を整理しよう。

6. 新古典派は、貯蓄と投資が一致しないこともあると考える。でも古典派は、それが常に等しいと考える。さて、ぼく〔ケインズ〕も、資本の限界効率スケジュールや投資需要スケジュールなんてものを考えているので、この部分では古典派と大差ない。

差が見えてくるのは、消費性向と貯蓄性向の話から。ただし、古典派も所得が増えると貯蓄が増えることは認めるだろうし、ぼく［ケインズ］も金利が貯蓄に影響しないとまで言う気はない。所得水準が一定なら、確かに資本需要と、所得の中でどれだけ貯蓄するかという供給は、金利によって一致する［強調は山形］。そこまでは両者が合意できている。

7. でも、古典派がまちがえるのはそこからだ。古典理論は、所得水準が変わったら貯蓄も変わる、ということを無視しているのだ。そして内部的にも一貫性がなくなる。

8. この古典派理論がなりたつには、お金に対する需要曲線［投資］とお金の供給曲線［貯蓄］とが独立に動く必要がある。その交点が金利の水準、というわけだ。この理屈が金利の決定に役立つためには、この投資曲線が動いても所得水準は変わらないと想定する必要がある。でも、実際には投資や貯蓄が変われば所得［産出］も変動する。すると新しい均衡金利がどこかはわからない。だからこの説明は破綻している。

9. これは図で説明できる。［以下の説明は山形のかみくだき版］

最初はこんな具合。X_1-X_1' は、金利が増えたら投資が減ることを示す。Y_1 は、金利が上がると貯蓄が増えることを示すグラフ。【図1】

さて、何かの理由で投資が X_1-X_1' から X_2-X_2' に変わったとする。すると新しい均衡金利は $r_{new?}$ になるか?【図2】

ならない。だって、Y_1 曲線の元になっていた所得の水準も変わるから。たぶん投資が減ると所得も減る。$Y_1 \rightarrow Y_2$ になる。【図3】

図1

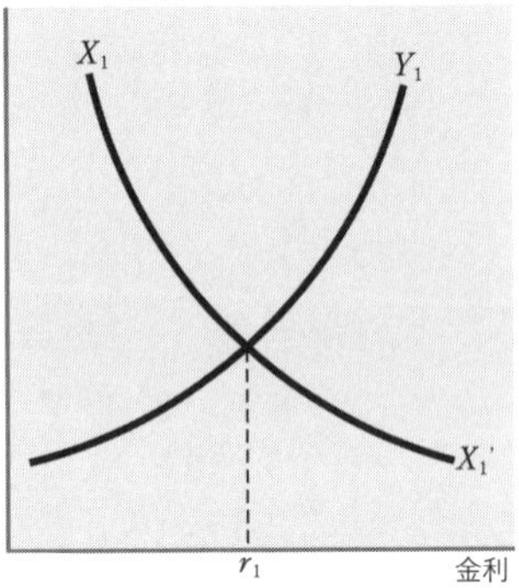

X: 投資と金利の関係
Y: ある所得に対応して貯蓄される量と
金利の関係

図2

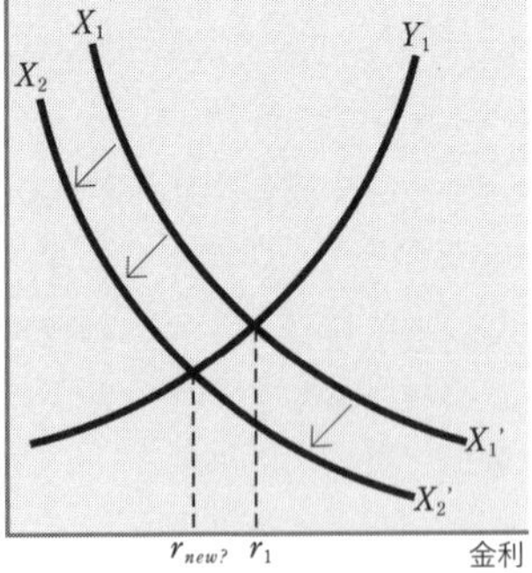

図3

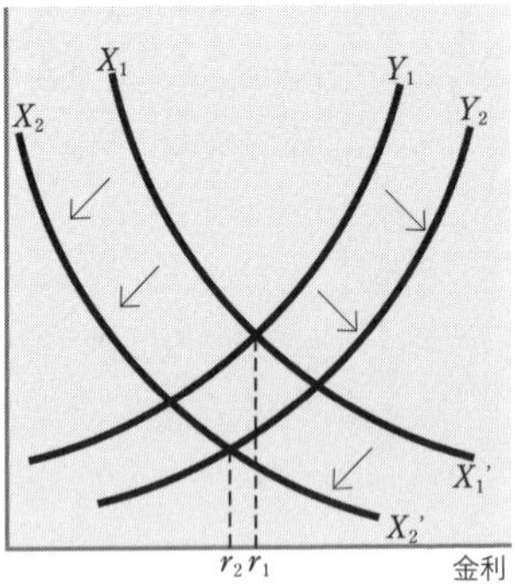

だけど、Y_2がどのくらいになるかはわからない。逆に他の条件でr_2が決まると、そこからY_2がわかるようなもの。

つまり……こんなグラフは描くだけ無駄、ということになる！

10. だから古典派が金利の説明に使う式は、理論としては不十分。

11. このまちがいは、利息というものが消費しないことに対する報酬だと考えるせいで生じる。実際は、現金を貯め込まない［利息のつく形で貸して流動性を放棄する］ことに対する報酬。類似の例で考えるなら、ある投資に対する融資のリターンは、別にそのお金を使わないことに対する報酬ではなく、それなりのリスクを負担することへの報酬でしょう？　ここでも話は同じ。

12. 古典派も、これを認識する機会はあったはず。所得から貯蓄にまわるお金が増えても、必ずしも金利は高くならないというのは、カッセル『金利の性質と必要性』でも指摘されていた。

13. また、お金の量を増やすと金利は下がる傾向がある［少なくとも短期では］ことは指摘されていた。でも、世の中のお金の量が増えたって、投資需要のスケジュールが変わったり、手持ちの所得の中から貯蓄にまわす率を変える理由はない。だから古典派の教科書だと、価値の理論で述べる金利と、お金の理論で述べる金利とがまったく別物になっている。

新古典派はこれを何とか統合しようとして、一層泥沼にはまっている。投資需要スケジュールに対応するお金の供給は二種類あるんだ、という話を始めて、古典派の言う貯蓄にくわえ、お金の量が増えたことによって生じた資金（強制貯蓄とか呼ばれてる）なるものがあるんだと言い出す。あげくの果てに、通貨量を一定に保てば貯蓄と投資のずれはなくなるんだ、なんて言い始める。

14. つまり古典派［と新古典派］は、このシステムの独立変数を抽出しそこなっている。貯蓄と投資はこのシステムの結果であり、原因じゃない。原因は消費性向、資本の限界効率、金利［利子率］だ。

従来の理論は、所得が投資に左右されることを見落としていた。

15. また古典派理論は、金利を資本の限界効率で説明しようとするのにも失敗している。両者に関係があるのは事実だが、そこから金利を導こうとすると循環論法になってしまうよ。

16. さて、これは理論的にものすごく根本的な修正を強いるものだし、また現実への応用面でもものすごく大事になる。

理論的には、いままでの理論だと、消費が減ると金利は下がり、投資が増えると金利は上がることになる。でも実際には、両者が決めるのは金利ではなく総雇用だ。消費を減らすと投資が増えるという発想と、消費を減らすと雇用が減るという発想とでは、政策的な意味合いがまったくちがってくる。

Appendix on the Rate of Interest in Marshall and Ricardo

第14章おまけ　マーシャルやリカードの述べる金利とは

■Abstract

この章は、マーシャルやリカード、フォン・ミーゼスなどの著作で金利がどう扱われているかを詳述したところ。ケインズ理論そのものにとって重要な部分ではなく、いまではせいぜい経済学史的な興味の章。だからここだけは段落ごとではなく、節ごとのまとめにした。

■本文

Section I

マーシャルやエッジワースやピグーの本には、金利の明確な定義がないけれど、その人たちがあれこれ金利に言及しているところを引用して見ると、第14章で説明したような理解らしい。

Section II

リカードは、金利というのは、あるお金を投資したことによって得られる利益率で決まるのであって、銀行の融資額では決まらない、と書いている。これは単純明快でいいのだけれど、完全雇用を前提にしている。借りたお金はすべて使われる、というわけだ。でも、後年の学者に比べれば、リカードのほうが理論的に明快。

Section III

フォン・ミーゼスが提唱した変な金利の理論があって、それがロビンスやハイエクに踏襲されている。金利というのは、消費財と資本財との相対価格で決まるんだって。理屈はよくわからんが、こんなことらしい。ぼく［ケインズ］の言う資本設備の限界効率というのが、ものすごい単純化によって、資本設備のお値段と、そこから生産される消費財との価格の比率だという話になって、それが金利になるんだと。

　すると、消費が減ると消費財の価格が下がり、それを作る生産財の価格はそれ以上に下がるから、その比率である金利は下がって投資が促進されることになる。でもこれって理屈がまるっきり逆でしょう。

Chapter 15: The Psychological and Business Incentives to Liquidity

第15章 流動性への心理的・ビジネス的なインセンティブ

■Abstract

人が流動性［手持ち現金］を欲しがる理由は、ビジネス上の運転資金や生活資金、そして用心のための現金ニーズの他に、投機による現金需要がある。この投機需要が重要。

投機ニーズがなければ、ある程度の現金を手元にもっている人は、別に中央銀行が追加でお金を刷ろうが気にしないだろう。でも投機で常に市場を見ている人は、自分の将来的な金利見通しにしたがって、現金と債券を交換することで投機を行おうとする。そして、実際にお金が動くのは、人によって将来金利の見通しがちがうから。

投機をする人は、いま債券を買うか、それともとりあえずは現金を持って、将来金利が上がってから買うか、という選択をする。将来金利の不確実性が、こうした現金ニーズを高める。また、金利が下がるといま債券を買っても得られる儲けは少なくなるので、いまは現金を保有して将来の金利上昇に賭けたほうがいい。すると金利が一定以上低くなると、だれも債券を買わなくなり、中央銀行は金利をコントロールできなくなる［流動性の罠とほぼ同じ話］。

結局、金利は市場がどう思っているかで決まってしまうが、そこにあまり根拠はない。中央銀行がもっと多くの債券を長期短期にかかわらず買って金利のイールドカーブをはっきりさせれば、みんなそれに流されるだろう。

ここでの議論の特殊解として、一般の貨幣数量説は存在している。現金の貯め込みがなくて完全雇用なら、貨幣数量説は成り立つ。

■本文

Section I

1. 第13章で導入した流動性選好の動機について、もっと詳しく分析しよう。これは本質的には、お金の需要という話で述べたことと同じ。また、お金の所得速度とも密接に関連している。ただし、流動性選好は所得の中だけの話じゃなくて、手持ちの貯蓄ストック全部で見るべきものだけれど。

2. 拙著『貨幣論』では、お金に対する総需要には三種類あると述べた。でも実際にはそれは、まとめてプールされるし、貯蓄する人もきっちり区分してお金を持つわけじゃない。普通の分析では変にわけず、単一の総需要を考えたほうがいいことが多い。

3. でも本章では動機を考えるので、需要の種類を分けることにも意味がある。以下の通り：

4. （ⅰ）所得動機：所得をもらってからそれを実際に受け取るまでのつなぎとして現金がいる。ここでお金の所得速度が効いてくる。

5. （ⅱ）事業動機：事業の経費を支払ってから、実際に売り上げが入ってくるまでのつなぎに現金がいる［運転資金ってやつです］。

6. （ⅲ）用心動機：突然物入りになったとき、あるいはたまたま大もうけのチャンスがあったときのための用心に現金を持っておく。

7. この三つはどれも、必要なときに現金を調達するのがどれだけ容易かにも左右される。一時的に銀行から引き出し過剰にしたりとかできれば楽。それが容易なら、手元に現金なんかいらない。また現金を手元におく費用も問題。儲かる資産の購入をあきらめる必要があるなら、あまり現金を持ちたくはない。ただしこれはあまり大きな問題にはならないはず。

8. （iv）投機動機：これはあまり理解されていないし、お金の量の変化による影響を伝えるのにすごく大事なので説明。

9. 通常、取引や用心のために必要なお金の量は、経済全体の活動と所得水準で決まってくる。でも、金融政策の管理（または単にお金の量の変化）が経済システムに作用するのは、投機動機に対する作用を通じてなのだ。取引や用心からくるお金のニーズは、お金の総量が増えようと減ろうと、経済活動全般の水準にしか左右されない。でも、投機動機に必要なお金の量は、金利の変化に連続的な反応を見せる。これは満期期間の異なる各種債権や負債の値段を見るとわかる。

10. そうでないと、公開市場操作なんて機能するはずがない。通常は、銀行システムは市場で債券を少し高値で売ればすぐに現金が手に入る。債券を買えばその分だけ金利は下がる［これができるのは、事業に必要な現金の量が急にかわったからではあり得ず、投機のためにだれかが市場を虎視眈々と見張っているから、ということ］。

11. 投機動機を扱うときには、流動性関数そのものは変えないような、投機動機を満たすためのお金の供給増と、期待が変わって流動性関数自体が変わるために生じたお金の供給増とを区別すること。公開市場操作は、両方の働きを持つ。単にお金を供給するだけのこともあるし、中央銀行や政府の将来の方針についての期待を変えることもある。後者の場合、変化はそのとき限りになる。ただし、市場参加者の予想が多様だと、債券市場での取引は活発になる。

12. だから一番単純な想定で、全員が同じような予想をして同じような立場にいれば、状況や期待が変わっても、お金が移動することは全然ない。単に金利が変動して、お金の保有を変えたいなと思った当初の願望が相殺されるだけになる。そして金利が上がるとみんな、もう取引をする気はなくなるから、取引は起こらない。状況や期待の水準ごとにちがった金利の水準が対応して、実際にはお金は全然動かない。

13. でも、実際には状況や予想が変われば多少のお金の移動は生じる。これは、人によって予想や考え方や立場がちがうので、ほしいお金の量も様々に変わるからだ。でも、細かい個人差よりは、全員にかなり効いてくる金利変化のほうが本質的。

Section II

14. 取引や要因のために人々が持ちたがる現金の量は、投機動機による現金保有と無関係ではないが、ほとんど独立していると思っていい。

15. 取引と用心で必要な現金の量を M_1 、投機動機で必要な現金を M_2 とする。それぞれに対応する流動性関数 L_1 、L_2 がある。L_1 は主に所得水準で決まる。L_2 は主にいまの金利と期待の状態で決まる。つまり：

$$M=M_1+M_2=L_1(Y)+L_2(r)$$

すると、ここで考えるべきなのは以下の三点：（ｉ）Y と r に対して M はどう変わるか、（ⅱ）L_1 の形はどう決まるか、（ⅲ）L_2 の形はどう決まるか。

16. （ｉ）Y と r に対して M はどう変わるかは、まず M のあり方による。 M が黄金で、これを増やすには金鉱ががんばるしかない場合。この場合、M は直接 Y と相関する。とれた黄金は、まずだれかの所得になるからだ。

政府が、現時点の支出のためにお金を刷っている場合もまったく同じ。お金は、すぐにだれかの所得になる。でも、新しい所得水準は、M の増加をすべて吸収できるほど M_1 を増やせない。だからお金の一部は他の買い物に使われて、取引や要因のために人々が持ちたがる現金の量は、投機動機による現金rは下がって M_2 が増える。同時に Y が刺激されて増え、新しいお金は M_2 か、r 低下で生じた Y の増加に伴う M_1 に吸収される。

するとこれは、新しいお金の発行には銀行システムの融資条件を緩和して、だれかが銀行に負債や債権を売ってかわりに現金を手に入れたいと思うしかない場合と同じになる。

17. だから、後者が通例だと思ったほうがいい。つまり M の変

化は r を変えることで操作できる。r を変えると、M_2 が変わり、また Y 、ひいては M_1 が変わる。

18. (ii) さて、お金の所得速度を V とすると、L_1 は次のように書ける：

$$L_1(Y)=\frac{Y}{V}=M_1$$

V は銀行や産業組織や社会慣習などで変わる。でも短期で各種要因があまり変わらないとすれば、V をほぼ定数と考えていい。

19. (iii) M_2 と r の関係。第13章で見たように、M_2 保有につながる流動性選好 L_2 の必要があるのは、将来の金利が不確実なため。すると、M_2 は r の水準そのものでは決まらない。それが安全な r からどのくらいずれていると思われているか、ということで決まる。

それでも、r が下がると M_2 が増えると思っていい。世間の考える安全な r から金利が下がるにつれて、流動性低下のリスクが生じる。

また r が下がると流動性を見送ること（つまり債券を買う）から生じるいまの収益が減る。この収益は資本勘定の損失をカバーするための保険料のような形で存在し、古い金利の2乗と新しい金利の2乗の差に等しくなる。たとえば、長期債の金利が4%なら、確率的に見て長期金利がそれ自体の4%［つまり4%×4%=0.16%］より急速に上昇する恐れがない限り、その債券を買ったほうが得、ということになる。でも金利が2%とかものすごく低くなると、そういう可能性が容易に生じるから、みんな債券より現金を持ちたがる［流動性の罠に近い話。要は債券利率があまりに低いと、それを買って受け取る利息よりも、現金で持っておいて金利がちょっと上がってから債券を買うほうが、儲かる見込みが高くなる、ということ。わかりにくいのは、オプション理論がない時代に言わばオプション的な話をしようとしているから］。

20. つまり金利というのは、大いに心理的な現象だ。本書の第V巻では、完全雇用を実現する水準以下では、均衡金利は実現しないことを示す。完全雇用水準以下だとインフレが起きて、現金がいくら増えても M_1 に吸収されてしまうから。でも完全雇用水準以上の金利だと、長期金利は金融当局の現在の政策だけでなく、その将来の政策に関する市場の期待に依存する。

短期金利はコントロールしやすい。政策が短期的にはあまり変わらないのは自明だし、そこからの潜在的な損失は各期の収益率と比べれば小さいから。でも、長期金利は、いったん「安全でない」と思われる水準以下に下がったら、なかなか動かないかもしれない。

たとえば金本位制の国だと、他の［金本位制の］国で見られる金利以下の長期金利というのは、その国の経済に対する信頼欠如を示す。でも、その国で完全雇用を実現するための金利というのは、金本位制による長期金利よりずっと低いかもしれない。

21. すると、あまりに実験的な金融政策や、すぐに変わりそうな金融政策は、長期金利引き下げに失敗しかねない。r がある水準以下になったら M_2 が無限に増大しかねないから。でも同じ政策でも、強力な機関によって決然と行われたら、あっさり成功するだろう。

22. あるいは、金利というのは心理的というよりは因習的、惰性的な現象というべきかも。長期金利は、どんな水準だろうと、市場がそうなると思う水準に落ち着くんだから。むろん M_1 が M より急激に上昇していたら金利は上がる。でも市場の思い込み次第では、完全雇用には高すぎる水準で何十年も続くことだってあり得る。

23. だから、因習にひきずられた高金利と、資本の限界効率がとても不安定な状況で、有効需要を完全雇用実現に足りる水準に保つのは、とてもむずかしい。

24. これだけだとあまりに悲観的なので、ちょっと希望的なことも。因習というのはきちんとした知識の裏付けがないからこそ、金融当局がある程度しっかり揺るがない一貫した政策をとれば、あっさり変わることもある。世論は金利がちょっと下がってもすぐ慣れるし、市場の期待もそれにあわせて変わる。イギリスが金本位制を捨ててからの長期金利低下は、このおもしろい実例だ。金利はなめらかに下がらず、何度かドカッと急激に落ちた。みんなの流動性関数が変わりきったところで、次の金利低下が起きたんだろうね。

Section III

25. まとめよう。人々は、取引や用心のために必要な金額以上の現金を手元に置きたがる。でもその潜在的な希望に対して、実際に持てる現金の上限は、金融当局がどれだけお金を刷るかで決まる。この潜在性は流動性関数 L_2 にまとめられる。

26. だから他の条件が一定なら、金融当局が刷るお金の量に応じて、債券の満期ごとにある金利が決まってくる。これが意味を持つためには、お金の量の変化と金利変化とに直接の結びつきがないといけない。でも、銀行システムや金融当局は、お金や債券を売買するのでそれがこの結びつきになり得る。

27. 金融当局がいろんな期間の債券売買をするなら、期間ごとの金利水準とお金の量は直接関係してくる。各種の金利水準は、銀行システムがその期間の債権をいくらで売買したいか、というだけの数字。そしてお金の量は、その金利でなら流動性を一定期間手放していいと思う個人が手放す債券の量だ。

28. でも今日の実態では金融システムの中での債券価格には結構変動がある。ある価格での売買は均衡するはずなのに、売りばかりになることがある。また、金融当局は短期債ばかり取引して、長期債には手を出さない。長期の金利は短期金利からにじみでる影響に任せている。でも、別に短期債しか売買しちゃいけない理由はないのだ。

金融当局が短期債のオペしかしないと、話はそれなりに変わる。短期債の価格が長期債の価格［現在と将来］にどう影響するかを考えないと。

29. つまり金融当局が期間ごとの債券利率に及ぼせる影響には、限界がある。その原因を以下にまとめる：

30. (1) 金融当局が、扱う債券の種類に自分でなにやら制約を設けていたら、影響力も制約される。

31. (2) 金利が一定水準以下になったら、あまりに金利の低い債券を持つより現金を持つほうがいいとだれもが思ってしまう可能性がある。この場合、金融当局は実質的に金利をコントロールできなくなる。ただし、過去にはこんなことが起きた例は知らない。そしてもしこんなことが起きたら、当局は名目金利[とても低い]で銀行システムから無限に借り入れができることになる。

32. (3) 流動性関数が平らになってしまって金利安定が完全に崩壊した例は、異常な状況とはいえ存在する。第一次大戦後のロシアと中欧では、通貨危機のためにだれもお金や債券を持とうとせず、金利をいくらあげても通貨価値がもっと下がると期待されたために、資本の限界効率に追いつけなかった。アメリカでは1932年に、逆の危機がおきた[おわかりでしょうが、ウォール街大暴落のこと]。みんなが流動性を求め、現金を手放そうとしなくなった。

33. (4) 最後に、借り手と貸し手のマッチングの問題がある。金利が下がっても、貸し手が負担するリスク[特に意図的な踏み倒しリスク]や手数料がその分だけ下がるとは限らない。すると、金利そのものは下がっても、実際の債券や債権の値段は、一定水準以下には下がれない。不正直な借り手は、中央銀行の行動とは無関係に存在するし、短期の銀行融資は、手数料分として顧客に1.5-2%くらい金利を課さざるを得ない。

34. きちんとした話は第21章でするが、ここでの議論と貨幣数量説との関係を見ておこう。

35. 将来の金利にまったく不確実性がない社会を考える。このとき、流動性関数 L_2〔現金貯め込み性向とでも言おうか〕はゼロになる。すると、$M_2=0$ なので $M=M_1$ だ。さて、総所得を Y とすると、お金の所得速度 $V=\frac{Y}{M_1}$ だから、上を代入して移項すると $MV=M_1V=Y$ になる。で、現在の産出量を O として、その算出の単位価格を P とすれば、$Y=OP$ になる。よって、$MV=OP$ で、これは見慣れた貨幣数量説。

36. 現実世界への応用でいえば、貨幣数量説は産出の変化に伴う価格変動と、賃金変動に伴う価格変動を区別しないのが痛い。なぜそうなったかといえば、現金貯め込み性向なんてものを想定しなかったのと、完全雇用を想定していたことがあるんだろうね。

Chapter 16: Sundry Observations on the Nature of Capital
第16章　資本の性質についての見解あれこれ

■Abstract

貯蓄はすぐに投資にまわるわけじゃない。多くの人は、いつか使うかも、というだけでお金を貯め込むので、貯蓄は死蔵されることもある。

で、資本は少なければ活躍して高い効率を上げるけれど、資本が増えると効率は下がり、どこかで効率ゼロになる。すると、それ以上投資が起こらなくなり、消費需要だけでは完全雇用が実現できなくなる。

すると自由放任のもとでは、資本や設備が多い社会のほうが失業が高く生活水準も低いことになりかねない。

いずれ、資本の効率はゼロになり、貯金の金利で喰うこともできなくなるかも。よいことです。

その場合でも、リスクを負担することで収益を得る道はある。

■本文

Section I

1. 個人の貯蓄というのは、今日は消費しないという決断。でも、その消費しなかった分を、いつ何に使うかは、そのときには決まっていない。すると今日の事業主は売り上げが減るけれど、だからといって将来に確実に売り上げが立つとは決まっていない。だから、貯蓄が現在の消費と将来の消費の間の選択だというのは正しくない。

しかも将来の消費は現在の消費にかなり左右される。現在の消費が下がると将来の消費も下がりがち。つまり、貯蓄は今日の消費財価格を引き下げるだけでなく、既存資本の限界効率も下げてしまう。すると、現在の消費を下げるだけでなく、投資も下がる。

2. 貯蓄というのが、その場で将来の消費を決めることなら、話は変わってくるが、そうじゃない。雇用は、製品が消費されるという見通しがある場合にしか発生しないので、貯蓄は他の条件が同じなら、雇用を抑えてしまう。

3. 要するに、貯蓄というのは「いつでも何にでも使える」という「富」への欲望なので話が面倒。個人の貯蓄が［投資に結局はまわるから］消費と同じくらい有効需要に貢献するという発想は［広まっているが］ばかげている。

4. この変な発想の原因は、富の持ち主は資産それ自体を保有したいのだと思ってしまうから。実はその資産からの見込み収益がほしくて保有するんだよね。でも見込み収益は将来の総需給の関係で決まる。見込み収益が増えなければ投資なんか増えない。

さらに、資産を保有したいだけなら、他の人から買えばいいけれど、それが新しいモノの生産に使われるとは限らない。新しい限界投資の見込み収益は、それが作る製品の将来需要の期待に基づくので、持っているだけでは何の貢献もしない［ということだと思う］。

5. また富の所有者が求めるのは見込み収益の中でも最大のものなんだから、富を保有しようとする欲望が高まれば、新規投資者が甘受すべき見込み投資が下がると論じても話は変わらない。だって、富［設備］への投資の期待収益には下限がある。お金や債券を持った場合の金利だ。そしてこの金利は、流動的な富の保有と非流動的な富の保有のバランスで決まるのだ。

6. もっと混乱しやすい場合について次章でもっと検討する。

Section II

7. 自分の取得価額以上の収益を耐用年数の間にたたき出す設備は、生産的。でもそれは、その設備が希少だから起きる。なぜ希少かといえば、金利と競合するから。物理的な生産能力がかわらなくても、資本がたくさんあればその設備の過剰収益は減る。

8. だからぼく［ケインズ］としては、古典派以前の「すべては労働の成果だ」という発想に親近感をおぼえる。資産は、過去の労働の蓄積だ。労働だけが生産の唯一の投入で、その他の資源や資本や設備は全部、所与の条件と考えよう。

9. モノを作るにも、時間がかかるやり方、手っ取り早いやり方、といろいろある。でも、合計すれば、ある機械設備を作るのに必要な労働ってのはだいたい決まってくると思う。そしていずれの場合も、作るのにかけられる時間に応じた効率はある。

10. あと、汚い危険な仕事は賃金を高くしないと人が集まらない。つまりそうしたものに応募する人が希少だからその分高くなる。

11. すると、必要な需要を満たすだけの設備をつくるのに適切な［かついちばん効率の良い］手間取り方というのがある。主人が食事を八時にしたいと思ったら、料理人はもっと手早くつくれようと手間をかけたほうがよいものができようと、その時間にあわせた手間取り方をする。

12. 金利がゼロなら、作り始めの時点から消費するまでの平均期間で労働コストは最小となる。それより短期で作るには費用がかかり、それより時間をかけると保管費用などがかかる。でも金利があると、時間がかかるほど費用が増すので、最適時間は金利がない場合より短くなる。そして製品価格は、金利と短期で作るための追加費用とがあるので、高くなる。一方金利がマイナスの場合はその逆になる。ただしほとんどの品の場合、着手をあまりはやくしても効率が下がるだけだから、生産をゆっくりできる程度にも限界はある。

Section III

13. 前に見たように、資本の耐用年数以内で、限界効率が金利以上にしておくには、資本を希少にしておく必要がある。じゃあ、あらゆる資本がすでに整いすぎて、限界効率がゼロになっており、これ以上追加したら限界効率がマイナスになるような社会だとどうかな？　そしてそこでも金利はマイナスにはなれず、そして完全雇用下で人々が貯蓄したければ？

14. その場合、事業家は資本をすべて使うほど人を雇えば、必ず赤字になる。だから資本ストックと雇用は、総貯蓄がゼロになるまで減る（個別には、貯蓄がプラスの人もマイナスの人もいるが）。つまり、雇用が少なくて生活水準が悲惨なために貯蓄がゼロになるような社会だ。

実際には、もっと上下動があって、たまに資本ストックが減ると効率がゼロ以上になって「バブル」が起き、増えすぎるとそれがマイナスになって停滞する。均衡では、効率はゼロで、これは完全雇用水準より低い設備ストックになる。

15. これに変わる唯一の均衡は、限界効率がゼロになるほどの資本ストックが、人々の富に対する欲望を満たすだけの富の量に対応しており、金利というボーナスがなくてもみんな将来のための投資をする場合。でもこれはありそうにない。

16. これまでは金利がマイナスにならないと想定。たぶん心理的な要因もあって、金利の下限はゼロより高いはず。2-2.5%くらいが下限かも。すると、金利がそれ以上下がれないのに富のストックが増えるという変な状況になる。

17. 第一次大戦後のイギリスとアメリカは、富の蓄積が大きくなりすぎて、金利が下がるよりも資本の限界効率が下がるほうが速くなってしまった。その場合、自由放任のもとだと、失業を低くおさえて生活水準を維持するのはむずかしくなる。

18. すると、資本ストックの多い国のほうが少ない国よりも生活水準が低くなる、という変な事態が起きる。むろん、これは自由放任の場合だ。

19. そういう場合、まったく経済的な収益をもたらさない富の蓄積でも、たとえばピラミッド建設や大聖堂建設のように、社会の厚生を高めることになる。穴を掘るだけの公共事業でも、やらないよりましだ。

Section IV

20. 金利が完全雇用に対応する投資をもたらす水準に保たれたとする。さらに、国が調節して資本の増え方がいまの生活水準をあまり引き下げないようにするとしよう。

21. すると、あまり人口が急増していない社会では、資本の限界効率は一世代以内にゼロになると思う。すると、変化は技術変化とか嗜好の変化などからしか生じない。そして消費財は、労働や原料分だけできまり、資本費用の分はないも同然になる。

22. つまり蓄積した富からの収益がゼロになる。これは資本主義のよくない部分を一掃してくれるが、かなりの社会変化が必要。消費をあとまわしにする貯蓄はあっても、それが利息で増えることはない。

23. つまり金利生活者は消える。でも見込み収益の予測という面で、まだ起業家や技能が活躍する面はある。というのも、上の議論は金利のうちリスクの分は含んでいないから。だから純粋な金利〔リスクフリーの金利〕がマイナスにならない限り、見込みのはっきりしないものに投資すればプラスの金利収入を得る道はある。

Chapter 17: The Essential Properties of Interest and Money

第17章　利子とお金の本質的な性質

■Abstract

お金はほかの財にくらべて、勝手に作れない点、代替がきかない点、いくらでも貯蔵できる点が特徴。小麦で計った小麦の利率とか、計算できなくはない。でもいまの条件から見て、お金より利率は低くなってしまう。

お金は、みんなが契約でお金を基準にするとか、賃金がお金をもとに下方硬直性があるとかいう点から、流動性が保証されている。そこには、上の各種条件も効いてくる。

これらのために、お金の供給が一定だと金利は高くなりすぎて、社会が豊かになって富の蓄積が増えると、その水準を超える新しい投資がみつからなくなってしまう。

お金のない物々交換社会では、こんなことは起きない。

古典派は、金利は完全雇用を達成する水準になると信じていた。でもそれは現実的にも理論的にも妥当でない。そんなところから出てくる政策提言も見るに値しない。

■本文

Section I

1. これまでの議論からするに、お金に対する利率は雇用水準を決めるのに特殊な役割を果たす。資本設備が更新されるために、その設備が実現すべき限界効率の基準を決めるんだから。でも、これはふしぎなことだ。そもそもお金にしか利子がつかないって、不思議だと思わない?

2. 金利というのは、お金が将来［たとえば一年後とか］に届けられるよう契約されたお金の超過分比率だ。だったら他の資産でも同じような概念があってもいいだろう。今日100キロの小麦があったら、それを一年後に届けるなら105キロにしますというのがあっていいと思わない?　小麦利率とか銅利率とか、資産ごとにちがう利率があるべきじゃない?

3. 確かに小麦なんかにはスポット価格と先物価格があり、その差が小麦利率と言えなくもない。でも先物価格というのも、お金で表現される。「1年後の小麦100キロは現在の小麦95キロに相当」なんてことは言わない。だからここでもお金の利率が問題になる。

4. 小麦の現在の価格が、100キロ100円だったとしよう［実際に使っていた単位は英ポンドにクォーターだし、実際の小麦はこんな値段ではないけど、議論の中身には無関係］。そして一年後の小麦先物価格が、100キロ107円で、お金の金利は5%だったとする。小麦利率はいくらだろう?

今のお金100円は、将来のお金105円を買える。将来の105円は、将来の小麦 $\frac{105}{107} \times 100=98$ キロを買える。一方、現在のお金100円は、現在の小麦100キロを買える。ということは、現在のスポット小麦100キロは、一年後の先物小麦98キロを買えるという計算だ。ということは、小麦利率は年率マイナス2%ということになる。

5. つまり、お金の利率と小麦の利率はちがうし、その他の商品についても利率はちがう。先物市場を見ても、スポット価格と先物価格のちがいは商品ごとにえらくちがう。さて、その中で重要なのは、いろんな財の中でその利率が最高になるものだ。資本設備が更新されるためには、その限界効率はこの最高の利率と競合しなくてはならないから。他の資産はいろんな理由で「利率」が下がるので、お金の利率が最高になることが多い。だからお金の利率、金利ばかりが問題にされるわけ。

6. ちなみに、先物商品どころか、お金だってポンドとドルとでは金利がちがう。

7. さて、資本設備の限界効率は、どんな商品を使っても計算できる。ある設備について、小麦で計った効率ってのが言えるわけだ。でも、その基準となる財の値段が変動すると、効率の計算もそれに応じて変わる。

8. というわけで、各種の財を統合した市場平均になるような財があれば、それを使って「ザ・利率」「ザ・設備の限界効率」みたいなものを計算できる。でもそんな財を考えるのはむずかしい。

9. で、お金は各種の商品の一つでしかないので、それを特別扱いする理由もないようにも思える。じゃあ、なぜ特別扱いされるの?

Section II

10. じゃあ、いろんな財について一年後の利息がどうなるか考えてみよう。ちなみに、そういう利息とはすべて、自分自身を基準に計算すること［つまりさっき小麦でやってみたいに「今のコピー用紙100kgが将来のコピー用紙109kgを買えるからコピー用紙利率は9%というふうに計算すること］。

11. 各種の財は、次の三つの特徴を持つ：

12. (ⅰ) 一部の財は、他の生産プロセスを支援したり消費者にサービスを提供することで、収益または産出 q ［これは自分自身で計った比率］を生産する。

13. (ⅱ) お金以外のほとんどの財は、時間がたつと保管費用がかかったり腐ったりする。その保有費用分を c とする。つまり結局手に入るのは q-c になる。

14. (ⅲ) あと、期間中にその財をどのくらい処分しやすいか、というのもある。引き取り手がすぐ見つかるものと見つからないものがあるから。これを流動性プレミアム l であらわそう。

15. するとどんな財でも、一期［ここでは1年］でその財を所有して得られる総リターンは $q-c+l$ 。

16. 使う資本（機械設備）や消費資本（家）だと、その収益は通常は保有費用を上回るし、流動性プレミアムは無視できる程度だ。液体や遊休設備や消費資本は、保有費用はあるけれど、収益は発生しない。この場合でも、在庫がある程度以上になると流動性プレミアムは無視できる。ところがお金の場合は、手元においても何の収益もなく、保有コストはゼロ。でも流動性プレミアムだけはやたらに高い。この三種類の財［1:家、2:小麦、3:お金］を比べてみよう。以下でたとえば c_2 と書いたら、小麦の保有費用のことね。

17. 財ごとのリターンを考えて、それがうまく均衡するような関係を考えたい。そのためにはもう一つ、1年たつことでその財の価値が（お金に換算して）どのくらい上がるか（または減価償却するか）、というのも知る必要がある。これを a であらわす。

するとき財 n の最終的なリターンは $q_n-c_n+l_n+a_n$ になる。でもさっきの議論を考えると、それぞれの財については無視していい項が出てくる。だから結局、家：a_1+q_1、小麦：a_2-c_2、お金：l_3 を比べることになる［家について c_1 を無視するとのこと。理由は不明。家は保有コストがかなりかかるのに……ただその後の議論には影響しない］。すると均衡では、この三つは等しくなるはず。

18. さて、供給価格よりも需要価格のほうが大きければ、その財は新しく生産される。それは、限界効率が利率よりも高い財だ（これは何を基準で見てもいい）。ある財のストックが増えると、当初は利率以上だった限界効率はだんだん下がって、どこかで均衡し、その財の生産はストップする。

19. さてある財（たとえばお金）は、利率が変わらないとする。すると $a_1+q_1=a_2-c_2=l_3$ で l_3 が一定だ。そして前段落の議論から、q_1 や $-c_2$ はだんだん下がってくる。とすると、それを補うように a_1 や a_2 は上がるしかない。つまり、お金以外の財の場合、期待将来価格に比べて現在の価格はどんどん下がることになる。q_1 や $-c_2$ が下がり続けるとどっかの時点で、もうこれらの財を作ってもまったくもうからなくなる［将来生産コストが上がるという見込みがない限り］。

20. ちなみに上の議論は、金利 l_3 が一定でなくても、q_1 や $-c_2$ よりゆっくり下がる場合でもあてはまる。生産量がどんどん増えるにつれて限界効率は下がり、やがてあらゆるものはまったく生産されなくなる。

21. ここまでの議論は、お金の特殊性とは関係ない。小麦を単位に使ったところで話は改善されない。他の財より利率の下がり方が遅い資産［たとえば黄金］があれば、この問題は起きてしまう。

Section III

22. さてここで、お金の利率は他の資産より下がり方が遅いと仮定した。これは正当化できるのか？　できると思う。理由は以下の通り。

23. (i) まず、一般企業を考えれば、お金の生産弾性値はゼロ。金融当局以外は、お金を作れない。

24. 他の財なら、生産量が増えてストックが増えることで、自分自身で計った利息が下がる。でもお金は金融当局しか作れず、供給は一定と見ていい。だから金利も他の財ほどは下がらない。

25. (ii) でもそれだけなら、生産が限られる財は他にもある。他の要因は何だろうか。

26. お金は代替弾性がほぼゼロだということ。価値交換の手段としてお金は何かと代替できない。もちろん、他のお金っぽいものが交換に使われることもあるけれど、ごく些末な例外。

27. つまりお金は勝手に作れないし、また購買力需要を無限にため込む手段になれる。

28. 例外は、お金で計った財の利率が急増して、それが続くかどうかみんな自信が持てないとき[つまりハイパーインフレですな]。

29. (iii) お金は作れないと言ったけれど、賃金を減らせば手元に残る現金は増えて、流動性ニーズにまわせるんじゃないの? そして経済の中で他のものの価値が減れば、相対的にお金が経済の中でしめる比率は増えるよね?

30. これは理論的に云々する話ではなく、実際にそうなるか見てみる必要はある。でも、たぶん普通の経済状況では、お金の金利がなかなか落ちにくいはず。理由はいくつかある。

31. (a) 賃金が下がったら、他の資産の限界効率にも影響が出る。これを考えないと。だって重要なのはお金の利率そのものではなく、それと限界効率の開きなんだから。いずれ賃金が戻ると予想されるならありがたいけれど、賃金が下がり続けると思われたら金利よりはやく限界効率が下がることになりかねない。

32. (b) 賃金がお金の名目値で見て硬直的なので、賃金はなかなか下がらない。そしてこれはいいことだ。賃金が簡単に変わったら、もっと下がるかもしれないと思われて限界効率にさらに悪い影響が出る。そして賃金が硬直的なのは、それがお金を元にしているから。他の財［小麦とか］で賃金をもらっていたら、たぶん硬直性は起こらない。賃金が硬直的なのはお金の流動性のせいなのだ。

33. (c) そして一番重要な点。お金が流動性選好を満足させる要因。金利がある水準まで下がったら、その後は通貨の量をいくら増やしても金利は変わらなくなる。

34. そしてお金の保有コストが低いことも効いてくる。保有コストがあれば、将来のお金の価値の期待を相殺することになるけれど、それがない。だからみんな、お金の流動性のおかげで何かあるとすぐにお金を貯め込もうとする。他の財なら、たくさん貯め込むと保管コストがかさんで、大量に貯め込むのが損になる。

35. お金はそういうことがない。その意味で、お金に期限をつけよう、定期的に印紙を貼って更新しないとだめなことにしよう、という主張は、お金に保有コストを持たせて貯め込みを防ぐという意味でかなり正論。

36. つまり、お金の利率が重要なのは、それが流動性動機を通じて、お金の量に対して金利の反応が鈍いこと、生産と代替の弾力性がゼロだということからくる。最初の条件のために、需要がもっぱらお金に向かいがちだということ、第二の条件は、お金への需要が増えても増産できないし、他のものをかわりに使えない、ということ。これに対応するには、お金の量を増やすか、お金の価値を高めてお金としてのサービス量を増やすしかない。

37. つまり金利が上がると、他の価格弾性のあるものの生産が減る。金利は他の財すべての生産ペースを決め、しかもお金自身の生産を増やすことはない。また、流動性に対する需要が高ければ、その需要を左右する条件が多少変わっても金利は変わらない。他の財なら、そこで利率が変わるし弾性値のために生産が変わって、スポット価格と先物価格にあまり差が出ないようになるが、お金はそういうことがない。お金がなければ［あるいはお金と同じ特性のものがなければ］均衡利率は完全雇用の地点となる。

38. すると失業が発生するのは、人々がないものねだりをするからだ。求めるものが生産できないもの（お金）で、需要を簡単に減らせないものだからというわけ。その解決策は、人々にお金はただのお金でしかないと説得させ、お金を作るところ（中央銀行）を人々のコントロール下に置くことだ。

39. ちなみに、これまでは黄金が価値の基準とされてきた。その理由は、黄金の供給が非弾性的だからと言われてきたけれど、実はそれは黄金が価値基準に向かない理由なのだ。

40. 消費性向が一定の場合、最も一般的な形でまとめると次の通り：

　すべての財のうち、自分自身で計った利率が、あらゆる財の中で最大となるものが、その財で計ったときの他のあらゆる財の限界効率の中で最大のものに等しくなったときには、もう投資率がそれ以上高まることはない［ここはケインズがわざと、厳密だがわかりにくい言い方をして喜んでるだけなので理解できなくてかまわない］。

41. 完全雇用になるとこの条件は必然的に満たされる。でも、生産と代替の弾性がゼロで、産出増加に伴う利率の低下が他の資産よりも遅いような資産があれば、完全雇用になる前にこの条件が達成されてしまう。

Section IV

42. つまりある財が価値の基準となるには、その財の利率が大きいだけでは不十分だということ。でも、お金の利率を高いものにしている特徴が、お金が負債や賃金の基準になっているという事実とどれくらい関連しているか考えてみよう。

43. まず、契約がお金を基準に記述され、賃金がお金を単位としてかなり安定しているということは、お金に高い流動性プレミアムをもたらすのに貢献している。将来に負債を返すときに使う単位と同じものを持っていると便利だ。また、将来の産出を記述する基準となるものが、生産弾性値の高いものだとあまり信頼されない。また、お金の保有コストが低いことも高い流動性プレミアムに貢献する。重要なのは、流動性プレミアムと保有コストとの差だ。そして金銀紙幣以外では、保有コストが流動性プレミアムに比肩するくらい高いので、ポンドのお金を小麦に替えても、小麦利率はゼロになってしまう。だから契約や賃金がお金を基準にしていることが、金利の便利さを高める。でもそれだけでは金利の特徴を説明するのに不十分だ。

44. 第二の点はもっと細かい。ふつうは、生産をお金で計るほうが、他の財を単位に計るより安定していると思われている。なぜかといえば、賃金がお金で計測されているからというだけでなく、賃金がお金で見て硬直的だからだ。じゃあ、もし賃金が他の財で計ったほうが、お金で計るより硬直性が高かったらどうなる?

このためには、長期でも短期でも、生産が増えようと減ろうと、その財の費用が比較的一定だと期待されなくてはならない。そして現在の需要を超える余剰分はすべて、費用なしにストックできなくてはいけない。つまりその流動性プレミアムが保有コスト以上でなくてはならない。そんな財が見つかれば、確かにそれはお金のライバルとなる。でもそんな財はありそうにない。

45. したがって結論は、賃金がもっとも硬直性を持つ財というのは、生産の弾性値が最も低く、「保有コスト－流動性プレミアム」が最小のものでなくてはならないということ。つまり、賃金がお金で計ったときに硬直的だという期待は、お金の流動性プレミアムが保有コストより高い度合いが他のどんな財よりも高いということの結果なのだ。

46. というわけで、金利というものが重要になる各種の特徴は、相乗的に働いている。お金の精算と代替の弾性が低いこと、保有コストが低いことが、お金で計った労働コストが安定しているという期待になる。それが流動性プレミアムを引き上げる。

47. ピグーなどは、実質賃金のほうがお金で見た賃金［名目賃金］よりも硬直的だと想定したがる。でも、所得安定より雇用安定を重視する場合でなければ、こんなことはあり得ない。また賃金財［実質賃金をあらわす、その労働で作っているモノ、と思えばいいかな］の保有コストは大きい。賃金を、賃金財を基準に固定したら、価格がものすごく乱高下するだけだ。消費性向がちょっと変わるだけで、価格はゼロと無限大を派手に行き来することになる。お金を基準にしたほうがずっと安定する。

48. だから実質賃金を安定したモノとみなすのは、事実や経験面からまちがいだというだけでなく、論理的にもまちがっている。

Section V

49. おまけとして、「流動性」「保有コスト」はどっちも程度の問題だということは強調しておこう。流動性が保有コストに比べれば高い、ということが「お金」の特徴だ。

50. 流動性プレミアムが常に保有コストより高いような財が存在しない経済を考えてみよう。これはいわゆる「非貨幣経済」というやつだ。あらゆるものは保有コストがあったり腐ったりして、それが常に流動性プレミアムを上回る。

51. こういう経済では、(a) 資本設備は何を作れるか、(b) その作られるものの価値の安定性、(c) そこに内包される価値が「流動的」になれる速度［つまり生産速度］で特徴づけられる。

52. こうした資本設備がこの経済では富の保有手段となる。保有者たちはその流動性欠如と、リスク補正済みの収益見込みと比べる。このリスクプレミアムと流動性プレミアムは、部分的には重なるがちょっとちがう。この差はこれまで触れなかったけれど、でも差があるのは事実。

53.「流動性」というのも程度問題だし、その中身はちょっとはっきりしない部分もある。でも、流動性を人が求めるときに考えていることはおおむねはっきりしている。

54. 土地が高い流動性プレミアムを持つと思われた時代もある。土地は生産／代替の弾性値が低い点ではお金に似ている。土地保有が金利を高すぎる水準にしていた時代もあるかもしれない。これをはっきり調べるのはむずかしい。でも最近では、不動産担保ローンの金利がやたらに高かったのがこの名残かもしれない。土地からの期待収益よりも不動産ローンの金利が高いというのはありがち。昔はこれが高金利をもたらして投資を抑えたかもしれない。

55. 文明が何千年も続いてみんな律儀に貯蓄してきたのに人類が資本蓄積の点でこんなに貧しいのは、たぶん人が浪費しがちとか、戦争で破壊されたとかではなく、土地やお金に高すぎる流動性プレミアムがついているせいだと思う。この点で、ぼく［ケインズ］はマーシャルとは意見がちがう。マーシャルは、それが人々がこらえ性がないせいだと言うんだが、その言い方は妙にドグマチックだ。

Section VI

56.『貨幣論』で、ぼく［ケインズ］は自然金利水準というものを定義した。貯蓄率と投資率を等しくするような金利水準のことだ。

57. でも、そのときには、雇用水準ごとに自然金利水準が変わる、というのを見落としていた。逆にある金利水準に対しては自然な雇用率がある。唯一絶対の自然金利水準があるような議論はまちがっていた。

58. いまは自然金利水準みたいな概念が有益とは思わない。それは現状を保存する金利水準というだけのものだ。

59. もっと重要な金利水準というのがあるなら、それは中立的な金利水準だろう。つまりその経済で完全雇用をもたらすような金利水準のことだ。最適水準というほうがいいかもしれない。

60. 中立的な金利水準をもっと厳密に定義すれば、全体としての雇用の弾性値がゼロとなる産出と雇用の均衡状態のときの金利だ。

61. これを考えると、古典派理論での金利が、どんな暗黙の前提をおいていたかがわかる。古典派理論は、実勢金利がつねにこの中立金利と同じだと想定していた。あるいは、金利水準は常に完全雇用を実現すると思っていた。もしそうなら、古典派理論から現実に対する示唆として得られるものは何もない。

Chapter 18: The General Theory of Employment Re-stated

第18章 雇用の一般理論再訪

■Abstract

一般理論をざっとまとめる。すべては消費性向と投資の限界効率スケジュール、金利で決まる。

また経験的にみた経済の状況——上下動するが最高にも最低にもならない——も、各種の心理的な条件でわかる。

ただしそれは、絶対不変ではないことに注意。

■本文

Section I

1. ここまでの話で、論点がかなり出てきた。まとめるにあたり経済システムの中でどんなものが所与とされ、何が独立変数で何が従属変数かを見ておこう。

2. 既存の技能と利用可能な労働の量、利用できる設備の質と量、技術水準、競争の程度、消費者の嗜好、労働集約度や各種の労働監督や組織、社会構造などは所与だ、別にこういうのが一定だということじゃない。ただ特定の場所や時点において、それを変えるとどうなるかは考えない、ということ。

3. 独立変数は、まずは消費性向、金利と資本の限界効率関数。

4. 従属変数は、雇用量と国民所得（一人あたり賃金で計ったもの）。

5. 所与の条件は独立変数に影響するが、それを決定するわけじゃない。資本設備の限界効率スケジュールは、部分的には既存の設備量に左右され、部分的には長期期待の状態に左右される。これは他から推計できない。でも中には、完全に導出できてしまう変数もある。国民所得と消費性向がわかっているから、ある雇用水準に対応する国民所得の水準はわかる。総供給関数もわかる。労働供給関数もわかるので、全体としての労働が弾性的でなくなる［=完全雇用］水準もわかる。

6. でも資本の限界効率スケジュールは、一部は所与の条件で決まるが、一部は各種の資本設備の見込み収益による。金利は一部は流動性選好（流動性関数）によるが、一部は一人あたり賃金で計ったお金の量で決まる。だから独立変数をもっとまとめて、究極の独立変数を考えることもできる。(1) 三つの根本的な心理要因、つまり消費性向、流動性に対する心理、資本財の将来収益に対する心理的見通し、(2) 労使交渉で決まる一人あたり賃金、(3) 中央銀行が決めるお金の量。これらの変数が、国民所得と雇用量を決める。

7. 経済システムの決定要因のうち、何を前提として何をそこから導出されるものとするかは、かなり恣意的な分類ではある。ここでは、国民所得と雇用量を決めるのは何か、という考え方で選んだ。

Section II

8. これまでの章の議論をまとめよう。

9. それぞれの資本設備は、見込み収益がある。それに対する供給価格は、限界効率が金利とほぼ等しくなるまでどんどん下がる。つまり、資本財産業における供給の物理条件と、見込み収益に関する安心感、流動性への心持ちとお金の量が、新規投資の量を決める、ということだ。

10. でも投資の比率を増やすと、その分消費の比率は減る。一般の人は、所得と消費のギャップを広げる［つまり貯蓄を殖やす］のは、所得が増えるときだけだからだ。つまり消費率の変化は、所得の変化と同じ方向に動くからだ。つまり貯蓄が増えるときには、所得も消費も増えている。この関係は、消費性向で与えられる。この比率は投資乗数で与えられる。

11. 最後に、もし（おおざっぱだが）雇用乗数が投資乗数に等しいとすれば、最初にあげた要因で生じる投資率の増分にその乗数をかけることで、雇用の増加を推定できる。

12. でも雇用の増加は流動性選好の関数を上げる。雇用が増えると、一人あたり賃金や物価（一人あたり賃金で計る）が変わらなくても、産出の価値は上がるので、これがお金に対する需要を増やす。また雇用が改善すると、通常は一人あたり賃金も上がり、そして産出が増えると短期的に費用も上がるから物価（一人あたり賃金で計る）も上がる。

13. 均衡点は、こうした揺り戻しで影響を受ける。そして谷も影響はある。またこうした条件は、予告なく大幅に変わることもある。でも変数として見るには便利そうだ。

Section III

14. いまのが一般理論のまとめ。でも経済の実際の現象も、消費性向や資本の限界効率関数や金利に影響を受ける。そういう影響の中には、論理的に必然とは言えなくても、経験的に見て十分に一般化できるものがある。

15. まず、産出や雇用の面であれこれ変動はあるが、いまの経済システムは結構安定している。悪い状態になっても、よくもならないが完全な崩壊には至らないという状態が長く続いたりする。また、完全雇用は滅多に起こらない。最悪でもなく最善でもない状態で、なんとかかんとか切り抜ける、という場合が多い。

16. これは、論理的にそうなるべき理由はない。なら、現代世界の環境や心理的な傾向のせいでそうなっていると考えるべき。

17. 原因として考えられるのは以下の通り：

18. （ｉ）限界消費性向は、雇用が資本設備に投入されて産出が増えるばあいには、この二つを律する乗数は1より少し大きいだけとなる。

19. （ii）資本の見込み収益や金利が変わったら、資本の限界効率関数は前者の変動率とあまりかけ離れたものにならない。つまり見込み収益や金利の変動がほどほどなら、投資率も大して変わらない。

20. （iii）雇用が変わると、賃金はその雇用変動と同じ方向に動くがその程度は雇用変化よりも少ない。これは雇用の安定のせいではなく、物価安定の条件。

21. （iv）追加で四つ目、投資率が上がると、それはごく数年だけ続くのであれば、資本の限界効率関数にマイナスの影響を与える。

22. さて（ｉ）の条件は、人間の心理的な特徴として納得がいく。

実質所得が増えれば、現在のニーズへの圧力は下がるし、既存の生活水準を超える生活水準のマージンは大きくなる。だから、雇用が増えたら現在の消費は拡大するが、実質所得の増分が100%消費にまわるのではない。これは個人だけでなく政府も同じ［特にいまは、失業者が増えると国が借金をして救済するから］。

23. この心理法則が文句なしに正しいと思えないにしても、経験的に見てそうなっているのは事実。完全雇用は実現されず、雇用ゼロにもならず、その中間にいる。さらに乗数は1以上だが、すごく大きいわけではない。そうでないと、投資がちょっと増えると消費がすさまじく増えることになる。

24. 条件（ii）は、資本設備の見込み収益や金利がちょっと変わっても、投資率が野放図に変わることはないことを示す。これは既存の設備をつかって産出を大幅に増やすのがむずかしいせいだろう。資本設備の生産のために余剰のリソースがたくさんあれば、一定範囲ではかなり不安定なこともある。でも余剰分が減れば、そういうことはなくなる。またビジネス心理や技術革新で資本財の見込み収益が急変したときも、それにより生じる不安定さを抑える。

25. 条件（iii）は、経験的に人間心理と合致する。賃金闘争は、相対的な賃金を高いままにしておきたいというものだ。雇用が増えると、労働者の交渉力が増えるし、リスクも取りやすくなるから闘争も激しくなる。でも、それにも限度はある。失業するくらいなら、賃上げに強気に出るのは控えるし、賃金削減にも応じるだろう。

26. ここでも、理論的にどうあれ実際の状況を見ると、これが成立していると考えざるを得ない。失業者が低賃金でいつも雇われるなら物価は大きく変わる。でもそうはなっていない。

27. さらに（iv）の条件は、資本設備がいつまでも保つものではなく、短期で消耗するというだけの話。だから投資が最低水準以下になったら、資本の限界効率はいずれ上がってきて、この最低限以上に投資水準を引き上げる。

28. だからいずれ投資の向きは逆転する。

29. 以上の四つの条件を考えると、経験的に見られる特徴も説明できる。経済が上下変動を見せ、最高にも最低にもならないのはそのせいだ。

30. でもこうした立場が「自然な」性向により決まると思ってはいけない。はっきり各種条件を補正するという手法があれば、それは変えられる。いま挙げた話は、いまの世界の状況を解説しただけで、絶対不変のものではない。

KEYNES
The
General
Theory of
Employment,
Interest
and Money

Book V
Money-Wages and Prices

要約

ケインズ

雇用と利子とお金の

一般理論

第V巻
賃金と価格

Book V: Money-Wages and Prices
第 V 巻　賃金と価格

■訳者の説明

この第Ｖ巻は、賃金と価格の理論。

第19章：賃金は、労働の需要と供給で決まる労働価格ではない面を持つ。雇用水準は有効需要で決まるから、そこで賃金を下げても雇用は増えず、完全雇用は実現されない。むしろ、賃金があまり変わらないとみんなが思ったほうが、金利調整などで完全雇用を実現しやすい。

第19章おまけ：ピグー『失業の理論』は、雇用の増減について精緻に分析はするけれど、よく見るとすべて完全雇用が前提。つまり失業のない失業の理論！　古典派では失業は扱えないのをよく示している。

第20章：有効需要から導かれる総雇用の水準が、それぞれの個別産業にどんな形で分配されるのか、というのは、数式を使って定式化できる［が、式をあまり真面目に見る必要はない］。産業ごとにかなりばらつきはある。

第21章：経済学はこれまで、価値の理論とお金の理論が断絶していた。でも実際に断絶があるのは、個別企業や事業の理論［ミクロ経済学］と経済全体としてのお金や産出の理論［マクロ経済学］だ。短期な価格は、おおむね貨幣数量説があてはまる。そして価格の長期的な安定性は、賃金の上昇率が、生産効率の上昇よりどれだけ高いかで決まってくる。

Chapter 19: Changes in Money-Wages

第19章 賃金の変化

■Abstract

古典派は、賃金というのを他の財とまったく同じく労働に対する価格だと考える。需要供給の交点で労働価格＝賃金が決まるというわけ。でも、経済全体で見たら賃金水準が変わると需要も変わるので、そういう話ではすまない。

一般理論では、雇用水準は有効需要で決まるので、賃金が下がっても雇用は、直接的には増えないし、間接的にもあやしい。賃金を下げれば完全雇用が実現されるわけではない。

それに賃金があまりに柔軟だと、賃金がもっと下がるんじゃないかと事業主が様子見に出てなおさら雇用を増やさないことだってあり得る。賃金があまり変わらないとみんなが思ったほうが、金利調整などで完全雇用を実現しやすい。

■本文

Section I

1. 賃金変化についてもっとはやく話をしたかったところ。だって古典派は各種の調整の前提として、賃金がすぐに変わるのをあてにしているし、何か調整がうまくいかないとあれこれ外的要因を持ち出すから。

2. でもこちらとしても、ある程度理論を展開するまでこの話はできなかったのだ。賃金が変わると影響が複雑で、場合によっては古典価格の主張もあてはまるから。

3. 古典派の説明は単純明快。賃金が下がれば、それを使う製品の値段も下がる。すると需要が増え、産出が増えて、賃金が下がった分がその設備からの限界効率減少分で相殺されておしまい。

4. これは極端にいえば賃金が減っても需要には影響しないと想定している。総需要は、お金の量と所得速度の積だから、賃金水準なんか関係ない、というわけ。さすがにそこまで言う人は少ない。総需要は影響を受け、通常は賃金が下がれば雇用は増えるというのが一般的な理解。

5. ぼく［ケインズ］はここのところで根本的にちがう意見。というよりその背後にある考え方に異論がある。

6. たぶん古典派の背後にある考え方は以下の通り。ある企業では、販売価格と売れる量との関係を示す需要曲線がある。そしてこの両者を関連づけると、賃金水準と雇用量との関係を示すグラフができて、そのグラフの各点での傾きが労働需要の弾性値となる。これはその産業全体に拡張しても同じで、ここの議論は名目賃金だろうと実質賃金だろうと関係ないというわけ。

7. これはどうみてもまちがいだ。だってある企業の需給関係は、他の企業の需給関係や総有効需要が変わらないことを前提に決まるものだからだ。だから一企業の話を産業全体に拡張することはできない。産業全体だと、賃金が変われば有効需要も変わるからだ。でもそれができないと、古典派理論は賃金水準が変わったときに総雇用がどうなるかを示せない。ピグー『失業の理論』はがんばってはいるが、古典理論の無力を示しているだけ。

Section II

8. こんどは「一般理論」の分析を見よう。二つの部分がある。(1) 名目賃金が下がると、直接の影響として（他の条件が同じなら）雇用は増えるか? (2) 名目賃金が下がったら、消費性向や資本の限界効率や金利に作用して、それが間接的に雇用量に影響するか?

9. 最初の部分への答えは、これまでの章で「ノー」というのを示してきた。雇用は、一人あたり賃金で計測した有効需要で決まるもので、有効需要は消費性向や資本の限界効率や金利が変わらないと変化しない。それでも事業家たちが全体として雇用を増やしても、必ず赤字になってしまう。

10. でも、賃金引き下げで雇用が実際には増えなくても、当初の段階で事業者たちがそう思ってしまうと考えたらどうだろう? 各事業者たちは利益を増やせるか? これは社会の消費性向が1に等しく、所得増と同じだけ消費が増えるなら成り立つ。あるいは、消費されない部分がすべて投資にまわれば成り立つ。そうでなければ、雇用を増やして生産量が増えても、その売り上げは増やした雇用の分には満たず、その赤字のために事業者は雇用をもとの水準に戻すしかない。

11. だから、賃金変化がそのまま雇用増に直結することはない。それを分析するには、賃金低下が消費性向や資本の限界効率や金利にどう影響するか見ないとダメだ。

12. その影響は、たぶん次の七点くらいになるだろう。

13. (1) 賃金を引き下げると、物価は多少下がる。すると、実質所得の一部が労働者から生産の他の要素に移る。また事業者たちから金利生活者たちにも実質所得の一部が移行する。

14. 労働者から他に実質所得が移転すると、消費性向は下がるだろう。事業者から金利生活者への移転のほうは、影響がはっきりしないが、たぶん金利生活者はあまり生活を変えないから、影響は悪いほうに出るんじゃないか[つまりその分消費が増えるとは考えにくい]。

15. (2) 閉鎖経済ではなく開放経済を考えると、賃金の低下は外国の賃金と比べて相対的に下がるということだ。するとこれは貿易黒字を増やすので、投資に有利に働く。イギリスはアメリカに比べて開放経済なので、賃金引き下げが雇用を増やす効果が高い。

16. (3) 開放経済だと、賃金低下は貿易黒字は増やすが交易条件は悪化させる。すると実質所得は下がる。ただし新規雇用者だとそうはならず、消費性向を高めるかもしれない。

17. (4) 賃金低下が、将来の賃金に比べていまの賃金を引き下げる、ということなら、これは資本の限界効率を高めるので、投資に有利に働く。そして消費も増やすかもしれない。でもこの賃金削減が、将来もっと賃金が下がるという予想を生み出したら、限界効率が下がって、投資も消費も先送りされる。

18. (5) 価格や所得金額の減少に伴う企業の総人件費の低下は、所得や事業用の現金需要を減らす。だからコミュニティ全体の流動性選好を引き下げる。でもこの場合、もし賃金や物価が将来また上昇すると思われたら、短期はさておき長期ではあまり影響が起きないことになる。それに賃金引き下げをやると政治的に不満がかさみ、この不安が流動性選好を高めたら、かえって現金需要が増えてしまうかもしれない。

19. (6) 個々の事業者の立場からすると、賃金が下がるのはありがたいこと。だから賃金水準全体が低下する場合も、事業者はそれをありがたいと思ってしまうかもしれない。これで資本の限界効率についての悲観的な見通しが打破されて、経済が上向くかもしれない。でも労働者も同じかんちがいをしたら、そのせいで労働争議が多発して事業者側のよい影響も相殺されかねない。

20. (7) 物価が下がったら事業者にとって負債の負担が大きくなり、賃金低下によるありがたみは相殺される。物価下落が大きいと、負債負担がかさんで破産する事業者も増えて、投資は激減するし、事業環境への安心感も低下する。

21. この七つが影響のすべてではないが、主要なものはカバーできているはず。

22. 閉鎖経済だけを考えて、実質所得の移転の影響が社会の消費性向に与える影響がよいほうに向かわないと想定すれば、賃金水準の低下がよい影響をもたらす場合というのは (4) による資本限界効率の上昇か、(5) による金利低下しかあり得ない。

23. 資本限界効率の上昇のためには、賃金水準が底を打って、これからは上昇すると思われる必要がある。賃金水準がじわじわ下がり、まだ下がるんじゃないかと思われるのが最悪。有効需要が下がっているときには、賃金水準をドカッと一気に下げて、これ以上は下がるまいとだれにも思わせるのがいちばんいい。でもこれをやるなら、政府のお触れ一発でやるしかない。そんなのが自由経済でできるわけがない。ならば、ヘタにじわじわ賃金水準が下がってそれに伴い失業率が上がるよりも、賃金水準は下がらないようにするほうがましだ。

24. するといまの社会の実情からして、資本の限界効率に関する限り、失業に対しては柔軟な賃金水準で対応するよりは、賃金水準は固定するほうがやりやすい。

25. あとは金利への影響を通じて賃金水準の低下が需要を増やす、という議論しかないが、こういう議論は聞いたことがない。お金の量自体が賃金や物価水準で決まるなら、この議論は成り立ちようがない。でもお金の量が決まっているなら、賃金水準が下がれば、賃金水準で計算したお金の量はいくらでも増える。

26. だから理論的には、賃金水準を下げると、お金の量が増えたのと同じことになって、金利が下がる。でも、お金を増やしても投資を最適水準には持っていけないという議論がここでもあてはまる。

27. となると、賃金を柔軟にすれば完全雇用が実現できるという話は根拠がない。

28. 経済が完全雇用以下になったら、労働組合がいつでも賃下げ要求をしてくれて、お金を余らせて金利を引き下げ、完全雇用を実現してくれるとなれば、中央銀行ではなく労働組合による金融政策が実現する。

29. でも柔軟な賃金政策と、柔軟な金融政策とは分析のうえでまったく同じものとなるとはいえ、現実世界ではその意味合いはまったくちがう。

30.（ｉ）社会主義国じゃあるまいし、賃金をお上の命令で決めるなんてことはできない。労働者ごとに引き下げの水準も変わってくるだろう。そういうばらばらな賃金低下は、まったく不公正で正当化できないし、ものすごい抵抗にあう。一方、お金の量を変えるのは、公開市場操作でいまでも簡単にやれる。だったら簡単にやれるほうを使うのは当然だ。

31. (ii) 賃金水準が変わりにくいなら、物価の変動は既存設備による生産が増えるのに伴い、限界効率が下がることから生じる。そのほうが社会的に公正だ。

32. (iii) 一人あたり賃金x人分という形で計測したお金の量を増やすとき、その平均賃金のほうを引き下げると、負債の負担が大きくなる。でもお金の量を増やすなら、負債の負担は軽くなる。そのほうが事業者に優しいじゃないか。

33. (iv) こうした理由で、金利を引き下げるために賃金水準を引き下げるというのは、資本の限界効率を二重に低下させて、投資を先送りさせるので、景気回復はもっと遅れる。

Section III

34. つまり雇用がだんだん減ってきたときに、労組がだんだん賃金を引き下げさせることで対応したら、実質賃金は下がらず、むしろそれを上げてしまいかねない。すると物価はすさまじく不安定になり、社会が成り立たなくなる。また政治的にも、そんなことは全体主義国でしかできない。

35. オーストラリアでは、法律で実質賃金を固定している。こうすると、それに対応する雇用水準がある。そしてそれが閉鎖経済なら、その雇用水準とゼロ雇用との間で、実際の雇用は乱高下する。それを安定させるために通貨量をいじると、今度は賃金と物価水準が乱高下するはず。オーストラリアでそうならなかったのは、実質賃金固定を実施できるほどの能力が政府になかったことと、オーストラリアが閉鎖経済ではなかったことだ。

36. これらを考えると、閉鎖系では名目賃金の一般水準は安定に保つのがいいと思う。貿易のある開放系だと、変動為替ならやはり同じことがいえる。

37. すると物価水準も安定する。物価は、雇用量が限界原価変動に影響する範囲でしか変わらない。

38. それでも雇用が大きく変動したら、物価水準もそれに伴って大きく動く。でも賃金水準がふらふらする社会よりはその幅は小さい。

39. 賃金をあまり変わらないようにし、雇用を一定に保てれば、物価は安定する。長期的には、賃金を一定にしつつ、技術革新などに伴って物価がだんだん下がるのと、物価を一定にして賃金がだんだん上がるのとどっちがいいか、という選択がある。この場合、後者のほうがいいと思う。将来賃金が上がるとみんなが思ったほうが、完全雇用を実現しやすいし、また負債の負担もそのほうが少ないからね。でもそれは、理論的にはどっちでもいい話だ。

Appendix on Prof. Pigou's Theory of Unemployment

第19章おまけ　ピグー『失業の理論』について

■Abstract

［これも本筋とは関係ないし、ピグー『失業の理論』を読む人もあまりいないだろうからパス。要旨は短いから本文読んでね］

■本文

古典派でもっともまとまりある失業の論理を展開しているのはピグー『失業の理論』。

ただしこれは、数式をあれこれ分析してみると、結局すべて完全雇用を前提にしている。ある金利なり生産なりの水準のときの雇用量を計算して、それがどう変わるかを精緻に分析しているけど、その背後にある金利とかの想定をよく考えると、常に完全雇用を前提にした水準になっているわけ。つまりピグーの分析しているあらゆる時点で、失業は定義からして起きてないはずなんだよね。失業のない失業の理論!

がんばってるとは思うんだけど、でも結局は古典派理論では失業は扱えないのを示しただけという感じではある。

Chapter 20: The Employment Function

第20章　雇用関数

■Abstract

有効需要から導かれる総雇用の水準が、それぞれの個別産業にどんな形で分配されるのか、というのは、数式を使って定式化できる［でも、あくまで参考だからまじめに見る必要なし！］。

産業ごとの性質によって、総雇用が変わったときの雇用増減はかなりでこぼこが生じるだろう。

有効需要が少ないと失業が出て物価も下がるが、大きすぎると物価上昇ばかりが生じる。

■本文

Section I

（数式が――正当にも――嫌いな人は、このセクション飛ばしても全然オッケー！）

1. 第3章の三段落目で、総供給関数 $Z=\phi(N)$ を定義した。これは雇用 N をそれに対応する産出の総供給価格と関連させるものだ。雇用関数は、これと同じで、単に逆関数で平均賃金で記述されているだけ。雇用関数は、平均賃金で見た有効需要を、その有効需要の量に匹敵する生産の供給価格と関連づけるもの。

　つまり平均賃金で見た有効需要 D_{wr} が r という産業に雇用 N 人分をもたらすなら、雇用関数は $N_r=F_r(D_{wr})$となる。もっと一般化して、D_{wr} というのは総有効需要 D_w の決まった一部なんだということにしたら、$N_r=F_r(D_w)$ となる。

2. 本章では、この雇用関数の特徴を検討する。なぜ通常の供給関数をこの雇用関数で置き換えるかというと、新しい変な単位を導入せずに、これまで使った単位で話ができるようにするため、そして業界や経済全体の話をするときには、この形のほうが便利だからだ。

3. ある財についての通常の需要曲線は、世間の所得についてある想定を元にしている。その所得が変われば需要関数を弾き直す必要がある。供給関数も同じだ。だから、個別の産業が、総雇用の変化にどう反応するかを考えるときには、需要関数一本を考えるのではすまない。需要関数の束を、総雇用の変化前と変化後について用意することになる。まとめて一本の関数ですむようにしたほうが便利。

4. 第18章と同じく、消費性向その他の条件は所与とする。そして投資率の変化に伴う雇用の変化を見たいとする。すると、平均賃金で計った有効需要に対応する総需要がある。そしてこの有効需要は、消費と投資に振り分けられる。また、有効需要はある所得分配に対応する。だから、総有効需要の水準ごとに、それが各産業に分配される比率がある。

5. そこから、ある総雇用の水準があるとき、それぞれの産業でどれだけの雇用があるか計算できる。これがつまりさっきの $N_r = F_r(D_w)$ だ。すると、それを全産業について合計すると、総雇用になる。つまり:

$$F(D_w) = N = \Sigma N_r = \Sigma F_r(D_w)$$

6. 次に、雇用の弾性値を定義しよう。ある産業の雇用弾性値は以下の通り：

$$e_{er} = \frac{dN_r}{dD_{wr}} \cdot \frac{D_{wr}}{N_r}$$

［弾性値の定義通りに書いてくれないと一瞬まごついたじゃないか、ケインズ君。D_{wr} の変化率に対して N_r の変化率が何倍か、というのが弾性値だから、こういうことね。この後の弾性値の計算もすべて同様：

$$e_{er} = \frac{dN_r}{N_r} \Big/ \frac{dD_{wr}}{D_{wr}}$$ ］

全産業についてこれを見ると、

$$e_e = \frac{dN}{dD_w} \cdot \frac{D_w}{N}$$

7. ついでに、有効需要に対する産出［生産量］の弾性値も定義しよう。これは

$$e_{or} = \frac{dO_r}{dD_{wr}} \cdot \frac{D_{wr}}{O_r}$$

価格が限界原価と同じだとすれば、P_rを期待収益とすると、これは次のように書ける［導出は原文の注にある。面倒なのでここでは略］：

$$\Delta D_{wr} = \frac{1}{1-e_{or}} \Delta P_r$$

つまり $e_{or}=0$ でこの産業の産出量がまったく非弾性的なら、$\Delta D_{wr} = \Delta P_r$ になるから、増えた有効需要はすべて利益として事業者の懐に入る。

8. さらに、もしある産業の産出量がそこに投入される労働の関数 $\phi(N_r)$ なら、平均賃金で計った産出量1個の値段を p_{wr} とすれば $D_{wr}=p_{wr}O_r$ なので

$$\frac{1-e_{or}}{e_{er}} = -\frac{N_r \phi''(N_r)}{p_{wr}\{\phi'(N_r)\}^2}$$

9. さて、古典理論は実質賃金というのが、労働の負の限界効用と常に等しいと想定する。そして雇用が増えると後者が増えると想定する。だから実質賃金が下がれば労働が増えると想

定している。だからこれは、平均賃金で計った支出を増やすのは不可能だと言っているわけだ。すると、雇用における弾性というものはあり得ない。支出を増やしても雇用を増やせない。でも、古典派理論がまちがっているなら、支出を増やして雇用を増やせる。

10. 通常は $0 < e_{or} < 1$。つまり名目支出増のときの物価上昇や実質賃金低下は、支出に対する産出の弾性値による。

11. 期待価格 p_{wr} が有効需要 D_{wr} に対する弾性値を e_{pr}' と書こう。

12. $O_r p_{wr}=D_{wr}$ なので、この両辺の D_{wr} に対する弾性値をとると

$$\frac{dO_r}{O_r}\Big/\frac{dD_{wr}}{D_{wr}}+\frac{dp_{wr}}{p_{wr}}\Big/\frac{dD_{wr}}{D_{wr}}=1$$

$$e'_{pr}+e_{or}=1$$

つまり有効需要はこれにしたがって、産出量と物価に影響を与えることになる。

13. これをすべての産業全体で考えると、$e_p'+e_o=1$ となる。

14. さてこれまでは、平均賃金を単位として考えてきたので、これをお金の金額を使って考え直そう。

15. 単位労働あたりの名目賃金を W として、産出量一単位の期待価格を p とすると、有効需要に対する物価の弾性値は e_p

で、有効需要に対する名目賃金の弾性値は e_w としよう。すると、

$$e_p = 1 - e_O(1 - e_w)$$

16. 上の式も導出は原著の注にある。この式が、一般化された貨幣数量説への第一歩となる。

Section II

17. 雇用関数に話を戻そう。これまで、総有効需要が決まると、それに対して個別産業の製品について有効需要がどう分配されるか一意的に決まるものと想定した。さて、総支出が変わると、その分配比率は一定ではない。こっちは増え、あっちはあまり増えず、そっちはかえって減る、ということになる。

18. すると、雇用が総有効需要だけで決まるというこれまでの想定は、おおざっぱな近似でしかないことになる。いろんな産業に対する需要が変化することで、総雇用もずいぶん変動するだろう。

19. また総需要が変わらなくても需要の向かう先が雇用弾性の低い製品に向かうと雇用が減ることはある。

20. これは短期で、予想外の需要構成の変化があったときには重要になる。

21. これだからぼく［ケインズ］は生産の所要時間が重要だと思う

のだ。消費財は製造プロセスの最終段階だから、入り口から出口まで考えるといちばん時間がかかるので、消費が増えてから生産を増やせるまでに時間がかかる。

22. そして需要が増えることがあらかじめわかっていても、在庫がたくさんない限り、生産を増やすには時間がかかる。でも在庫がありすぎれば、投資がそのために遅れることもあるので、関係は一筋縄ではいかない。これは価格安定政策にとっても大きな意味を持つはずだ。

Section III

23. 有効需要が不足すると失業が発生する。つまりその時点の実質賃金より低い賃金でも働きたいと思っている人が出る。逆に有効需要が増えると、雇用は増え、やがてその賃金水準で働こうという失業者はいなくなる。

24. その時点まで、既存の資本設備に対して労働投入を増やすと効率は逓減する。でもある時点をこえれば、人が増えるとかえって効率が下がる。すると厳密な均衡に達するには、賃金と物価と利益が支出と同じ比率で増えることで、生産量と雇用は変わらない状態だ。これは貨幣数量説の世界だ。

25. でもこれを実際に適用するときには注意書きがある。

26. (1) しばらくのあいだは、物価が上昇すると事業者はかんちがいして、生産物で計った利益を最大化する以上に雇用を増やそうとするかもしれない。売り上げ金額が増えると事業拡大をしようと思うのが常だからだ。

27. （2）事業者が金利生活者に渡す金額は固定されているので、物価が上昇すると事業者にとっては得になる。これは消費性向に影響するかもしれない。でもこれは完全雇用だからどうこういう話ではない。支出が増えれば必ず起こる。そして、金利生活者に渡るお金が相対的に減ったときに、かれが消費を増やすか減らすかは、必ずしもはっきりしない。

Section IV

28. インフレとデフレで結果が非対称なので困惑するかもしれない。有効需要が完全雇用の水準より下がると雇用も物価も下がるが、有効需要が完全雇用の水準以上になったら、それは物価上昇を起こすだけだ。でもこれは、労働の性質を考えると納得がいく。

Chapter 21: The Theory of Prices

第21章　価格の理論

■Abstract

経済学はこれまで、価値の理論とお金の理論が断絶していた。でも実際に断絶があるのは、個別企業や事業の理論［ミクロ経済学］と全体としてのお金や産出の理論［マクロ経済学］だ。

短期的には、お金の量と価格の間には、各種の弾力性の想定にもよるが、おおむね貨幣数量説があてはまる。

国民所得とお金の量との長期的な関係は流動性選好に左右される。そして価格の長期的な安定性は、賃金の上昇率が、生産効率の上昇よりどれだけ高いかで決まってくる。

■本文

Section I

1. 既存経済学の価値の理論は、限界費用と短期需要の弾力性の話で、わかりやすい。でもお金と価格の理論に入ると、ぜんぜんちがう話がいろいろ出てきて、需要供給の弾力性とそれを結びつける試みはほとんどない。

2. 以下では、価格の理論を整理して、需要と供給で価格が決まる、という話にきちんと関連づける。価値の理論とお金の理論がわかれているのは変だ。正しい区分は、一定のリソース下での個別産業・企業の理論と、全体としての総産出と総雇用の理論、というものだ［ミクロとマクロ、ですな］。マクロの理論では、お金の理論が必須。

3. 別の言い方もできる。前者は、ある一時点での均衡理論だ。後者は、変動する均衡の理論だ。というのも、お金の意義ってのは、それが現在と未来をつなぐリンクになっている、ということだから。将来が完全に確実なら、すべてを今の均衡理論で決めてしまえるけど、現実はそうじゃないのだ。

Section II

4. 単一の産業では、価格水準は限界費用に入ってくる生産要素に対する支払いと、産出の規模によってくる。産業全体の場合でもそうだ。限界費用に入る生産要素の価格水準と、産出全体の規模、つまりは雇用の規模で決まってくる。でも、もう一つ、需要側の変動がこの費用と規模の両方に影響を与える。これがいままでとちがうところだ。

Section III

5. すべての生産要素の価格変化が同じ割合［賃金と同じ変化をする］だと仮定すると、一般的な価格水準は、賃金水準と雇用量によることになる。だからお金の量の変化が物価水準に与える影響は、賃金水準の変化と雇用量の変化を総合したものとなる。

6. 失業中の資源は、生産性が等しくて交換可能で、失業がある限り雇用されている者は、同じ賃金で満足するものとしよう。この場合、収穫は一定で賃金も失業がある限り一定だ。すると失業がある限り、お金の量は物価にまったく影響しないし、雇用は需要［これはお金の量に左右される］とまったく同じ割合で増減する。そして完全雇用になったら、もう雇用はいっさい増えず、有効需要に比例して増減するのは賃金水準や物価になる。これが貨幣数量説の世界だ。

7. でも、いまの単純化した条件を緩めてみよう。

8. (1) 有効需要はお金の量とは比例しない。

9. (2) 資源は均質ではなく、雇用が増えると収穫は逓減する。

10. (3) また交換可能でもないので、完全に弾性的な需要とそうでない需要とは混在する。

11.（4）完全雇用より先に賃金は上昇を始める。

12.（5）すべての要素の価格変化が同じなんてことはない。

13. まずは、お金の量が有効需要に与える影響。有効需要が増えると、部分的には失業が減り、部分的には物価が上がる。雇用と物価が同時に上がるわけだ。

14. それぞれを検討するにあたって、それらが相互に独立しているわけではないことに注意。ここで目指すのはすべてが機械的に決まる仕組みを見つけることではなく、個別問題を整理して考える秩序だった方法を編み出すことだ。各要素を個別に考え、それから要素同士の相互作用を検討する。ちなみに、数理モデルはあまりに安易に要素の独立性を想定しちゃうので、まちがいのもとなんだよね。数理モデルでは必ずそれを常に念頭におくこと。数理経済学のほとんどは、いい加減な仮定からくるお遊びに堕してるよ。

Section IV

15.（1）の検討。お金の量の変化が有効需要を左右するのは、もっぱら利子率の変化を通じてだ。これだけなら、流動性選好と限界効率と投資乗数さえわかれば、貨幣数量効果は決まる。

16. でもこの分析は、問題の仕分けとしてはわかりやすいが、いずれの要素もまだ検討していない（2）～（5）の条件に左右されることを忘れないこと。場合によってはお金の量が増えると有効需要が減ることさえある。

17. 有効需要とお金の量の弾性値は、しばしば「貨幣の所得速度」なるものと密接に関連する。ただし、この速度なるもの自体は無意味で、それが一定であるべき理由もない。あまりに複雑な要素がからんでいるから、混乱のもとだと思う。

18. (2) の検討。雇用が収穫一定か収穫逓減かは、労働者への支払いが効率性にきちんと比例しているかである程度決まる。比例していたら、雇用が増えても単位あたりの労働費用は一定だ。でも個々人の能率にかかわらず同じ職の人が同じ賃金をもらっていれば、産出一単位あたりの労働コストは増える。まして使う設備にも差があったら、収穫逓減はもっとひどくなる。

19. だから産出が増えると、賃金とは関係なく価格も上がる。

20. (3) の検討。要素ごとに完全雇用が実現されるタイミングがちがうので、供給は不完全な形で弾性的になってしまう。

21. だんだん産出の水準が上がってくると、完全雇用になって硬直的になる原材料が増えてくるので、その価格は急激に上がる。

22. ただしこれも時間による。硬直的になった原材料も、そのうち人をやとって生産を増やすだろうから。

23. (4) の検討。完全雇用になる前から賃金は上がり始める。常識だよね。

24. 有効需要と賃金も、連続的な変わり方はしなくて、歴史的に見てもいろいろあって段階的に変わる。

25. （5）の検討。各要素への支払額が同じ割合で変わるなんてことはない。

26. いちばん賃金とちがった変化を見せるのは利用者費用かな。

27. すべてが同じ率で変わるというのは、手始めの仮定としてはいい。あと加重平均を使うとか、いろいろ手はあるかもしれない。

Section V

28. 有効需要の増加が産出の増加にはつながらず、価格の増加だけにまわるなら、これは真のインフレだ。それ以前の段階は、物価上昇と産出増との組み合わせなのできちんと分離できない。

29. つまり真のインフレ地点をはさんで非対称性がある。その水準以下に有効需要が下がったら、産出量が減る。でも、その水準以上に有効需要が動いたら、産出量は増えない。労働者は賃金が減るのはいやがるが、増えて文句を言うやつはいないからだ。

30. 不完全失業のたびに賃金が下落するなら、こんな非対称性は起きない。でもそうなったら、完全雇用以下だと賃金か金利はゼロになってしまう。金融システムでは何らかの、これ以上は下がらないという硬直性がないと価値が安定しない。

31. 要するに、お金の量を増やせばまちがいなくすべてインフレになるという発想は（このインフレが単に、価格が上がるというだけの意味でない限り）こうした条件を仮定しており、その制約の中にある。

Section VI

32. これを数式で表現してみよう。

33. M が貨幣量、V が所得速度、D が有効需要なら、$MV=D$ と書ける。 V が一定なら、$e_p=\frac{dp}{p}/\frac{dD}{D}=1$ の場合に価格とお金の量は同じ比率で動く。

34. また所得速度 V が一定でない場合を考える。このためにはこれについて別の弾力性を導入することになる。有効需要がお金の量に対して持つ弾性値。つまり

$$e_d=\frac{dD}{D}/\frac{dM}{M}$$

35. つまり

$$\frac{dp}{p}/\frac{dM}{M}=e_pe_d$$

そして $e_p=1-e_ee_o(1-e_w)$ だから、e をお金の量に対する物価の弾性値だとすると

$$e=e_d-(1-e_w)e_d e_e e_O=e_d(1-e_e e_o+e_e e_O e_w)$$

36. これは貨幣数量説を一般化したものだと見ることができる。ただしぼく［ケインズ］はこういう数式処理を眉唾だと思う。変数同士が独立とは思えないし、あまりにいろいろ想定があるので、ふつうの言葉の説明よりも意味があるとは思えない。でも、相互の関係がややこしいことはわかる。

37. 人々が、所得の一定量を現金で持つなら $e_d=1$ だし、賃金が一定なら $e_w=0$ だし、収益率が一定で限界収益と平均収益が同じなら $e_e e_O=1$ だし、労働や設備が完全雇用なら $e_e e_O=0$ だ。

38. 貨幣数量説を満たすためには $e=1$ となる。このためには各種弾性値についていろんな仮定が必要になる。でも一般には $e<1$ になる。

Section VII

39. これまでは、お金の量が短期の価格にどう影響するかを考えた。長期ではどうだろう?

40. これは純粋理論よりは歴史研究の世界。流動性選好が長期的におおむね一定なら、国民所得とお金の量との間におおざっぱな相関はあるかもしれない。金利が最低限以上なら、国民所得のうち人々がこれ以上は遊ばせておかないという比率があるかもしれない。その場合、お金の量が流通量に加えてその比率を超えたら、金利がこの最低限近くまで下がるかも。

すると有効需要が上がって、あれこれで結果的に価格が上がるかも。その逆もある。

41. たぶんこれは価格が上がる場合のほうがスムーズ。お金の量が少なすぎる状態が続くと、たぶん通貨制度の変更などで対応することが多い。だから価格は上昇傾向が普通だ。お金があれば賃金は上昇するし、お金が少ないと、何とかして有効なお金の量を増やす手段が考案される。

42. 19世紀には、人口増大と新規発明と新しい土地の解放、自信と戦争の頻度のため、それなりに低い失業率と、かなり高い金利とが共存していたようだ。たぶん150年にわたり金利は5%くらいだった。そしてこれは、まあまあ低い失業率を保つだけの投資をうながした。

43. 今日も今後も、資本の限界効率関数は各種の理由でずっと低い。そこそこの失業率で押さえる金利は、あまりに低いものになるかもしれない。

44. 資産持ちが要求する最低金利はなかなか変わらない。雇用実現のためには、お金の量を操作するだけではすまないだろう。伝統的な手法では不十分になりかねない。

45. 話を戻すと、国民所得とお金の量との長期的な関係は流動性選好に左右される。そして価格の長期的な安定性は、賃金の上昇率が、生産効率の上昇よりどれだけ高いかで決まってくる。

KEYNES
The
General
Theory of
Employment,
Interest
and Money

Book VI
Short Notes Suggested
by the General Theory

要約

ケインズ

雇用と利子とお金の

一般理論

第 VI 巻
一般理論が示唆する
ちょっとしたメモ

Book VI: Short Notes Suggested by the General Theory
第 VI 巻　一般理論が示唆するちょっとしたメモ

■訳者の説明

この第VI巻は、クルーグマンのいう「素敵なデザート」。他の学者の説をあれこれ拾っては揶揄したり、ケインズがイギリス人的な嫌み精神を発揮したりしている部分。

第22章：ビジネスサイクル［景気循環］というのは、投資の変動が主な原因。特にみんなの収益期待の変化が大きい。ジェヴォンスは、太陽黒点が農業に影響を与えるせいだと言うけれど、いまの経済は農業の比率は小さいから、今はたぶんちがう。

第23章：重商主義は古典派には批判されるが、結果的にはかなりよい政策主張もしていた。高利貸し禁止令や、ゲゼルの時限スタンプつきのお金、マンデヴィルの『蜂の寓話』等々、古典派みたいに理論ばかり気にせず現実を見たことで、部分的に正しい結論を出している人は多い。

第24章：金持ちを重視すれば貯蓄が増えて投資が進むからよい、という理屈はおかしい。金利が低いほうが投資意欲が進むし、変な不労所得もないからいい。この『一般理論』は政府の役割を重視するけど社会主義とはちがう。この理論で各国が国内の完全雇用を実現したら、外国の市場をめぐって争うこともないから平和になるよ。そしてこういうアイデアをちゃんと広めれば、いつかそれは現実世界に大きな力を持つはず。

Chapter 22: Notes on the Trade Cycle
第22章 ビジネスサイクル［景気循環］についてのメモ

■Abstract

ビジネスサイクル［景気循環］は、投資の変動によって生じる。特に、期待収益の変化からくる資本の限界効率の変化が大きい。

好況期には、期待収益が高いのでみんな投資するけれど、でもバブルが崩れると期待収益が一気に下がる。そして余った資本が摩耗してつぶれるまで5年くらいかかり、その後やっと投資が回復するわけだ。

その他、過剰在庫の影響や、消費性向の低下も起きる。金利引き下げですぐに景気が回復しないのもそのせいだ。

でも、だからといって金利引き上げでバブルを早めにつぶすというのはダメな政策だ。金利を引き上げると、いい投資もなくなる。それに無駄な投資でも有効需要引き揚げには役にたつ。安定して停滞するより、ちょっとバブル気味がずっと続くほうがいい。

だからバブル対策や景気対策には、公共投資で有効需要を高めるのと、所得再分配政策とかで消費性向を変えるようにしよう。

ジェヴォンスは、景気変動は農業の豊作・不作によると言った。これは当時は慧眼だったけど、いまは農業が経済に占める割合が小さいのと、グローバル化で豊作・不作がならされるので、あまり重要でなくなっている。

■本文

1. これでどの時点でも雇用量を求められるようになったんだから、ビジネスサイクル［景気循環］だって説明できるはずだ。

2. 実際にビジネスサイクルを見ると、ずいぶん複雑だ。消費性向の変動、流動性選好の変動、資本の限界効率の変動がどれもきいてくる。でも、いちばん重要で、これにサイクル［周期］と言われるような性質を与えているのは資本の限界効率の変動だ。

Section I

3. サイクル的［周期的］というのは、単に上がったり下がったりする、ということじゃない。上昇期にはまず上昇圧力が強くなるけれど、やがてそれが弱まり、むしろ下降圧力のほうが強くなり、というのの繰り返しを指す。あと、その周期がそれなりに一定期間ということだ。

4. さらにビジネスサイクルは、「危機」という現象も説明できる必要がある。つまり、上昇傾向がいきなり下降傾向に転じることがある［そして下降傾向がいきなり上昇に転じることはない］ということだ。

5. もちろん投資が変動して、消費性向が変わらなければ、雇用だって投資にあわせて変動する。投資はいろんな理由で変化するので、投資や資本の限界効率の変動がすべて周期的だったりはしない［農業は特別だから後述］。でも、一九世紀のビジネスサイクルは本当に周期的となる理由がある。その理由自体は目新しくはなくて、ここではそれを「一般理論」の枠組みにあてはめようというだけだ。

Section II

6. 急上昇期の最後と「危機」到来から話をする。

7. 資本の限界効率は、既存の資本財の量やその生産コストだけでなく、その資本からの将来収益の期待にも左右される。だから耐久消費財では、将来の期待が投資水準にいちばん効いてくる。でも期待はいい加減なものだから、急変することがある。

8. これまでの説明は、取引や投機用のお金の需要が高まって、利子が上がるから危機が起きる、というものだったけれど、むしろ資本の限界効率が急落するほうが大きいと思う。

9. 急上昇期の後半は、資本財の将来収益について楽観的な見通しがある。だから資本財が増えすぎ、コストも上がり、ついでに金利が上昇しても、この期待がそれを打ち消す。でも、投資市場にいるのは、対象をろくに知らずに投資したり、自分で資本財の将来収益を考えたりしない日和見投機家連中が大半だから、いったん期待に水が差されると、その見通しが急落する。そして資本の限界効率急落は、流動性選好を高めることになる［みんな現金をほしがる］ので金利が上がる。

10. だから暴落後の停滞はなかなか回復しない。金利引き下げは効くけれど、でもそれより資本の限界効率の低下が大きすぎるからだ。利子が上がるのが原因なら、金利引き下げですぐに回復するはずでしょ？　純粋に金融的な対策を主張する人たちは、これを見くびっている。

11. そして問題が資本の限界効率なので、ビジネスサイクルが3-5年になる。耐久消費財の寿命と、その時点での成長率との関係のせいだ。

12. 急上昇期には新規投資はそれなりの期待収益をもたらす。でもいったん暴落が起きると、その時点で作られていた耐久消費財はみんな限界効率がゼロ以下になる。でも耐久消費財だから、それが摩耗して稀少になり、限界効率が上がるには時間がかかる。低成長期には、その時間はもっと長くなる。

13. また暴落すると、作りかけの在庫がたくさん生じる。この保管コストが年間10%くらいになるから、それに見合うだけの値下げがいる。これはマイナスの新規投資に相当するので、さらに失業が増える。

14. さらに売り上げが落ちると日銭が減って運転資金も減り、これもさらに投資低下に拍車をかける。

15. そしてさらに、資本の限界効率が急落すると、消費性向も悪化する。特にみんなが株に手を出しているようなところでは、株式市場が冷えるとみんな貧乏気分になって消費しなくなる。

16. これだけのマイナス要因が重なるので、金利を思いっきり引き下げてもなかなか景気は回復しないのです。だから自由放任政策では、雇用が大幅に上下動するのは避けられない。だから投資水準を民間だけに任せてはダメよ。

Section III

17. これは別に目新しい見方じゃない。過剰な投資が過熱と暴落サイクルの原因、と主張した人はいる。この手の主張をした人たちは、過熱を防ぐために高金利が使える、と言っている。その通り。低金利が景気を刺激するより、高金利が景気を冷やすほうが有効だ。

18. でも、過剰投資って何？　そこがあいまいだと意味がない。失業があるので有効利用されない資本への投資ってことなの？それとも完全雇用のもとでも余るほどの資本への投資なの？本当の意味での過剰投資は後者だけだ。

19. ところが実際の周期は、むしろ前者だ。

20. 要するに、完全雇用下で2%の期待収益のある資本が、バブルで6%の値づけをされる。バブル崩壊で、期待収益はゼロ以下に下がる。でも実際には、それは2%の収益期待のある資本だ。

21. だからバブル対策には、金利を上げるより引き下げたほうがいいかもしれない。引き上げると、安定はしてるけど永遠の不景気が続くことになる。引き下げると、永続的なミニバブルで暮らせる。

22. 要するに、バブルとその破裂の原因は、完全雇用を実現できないほど高い金利と、その金利を打ち消すほどのイカレた期待収益だ。

23. 実際、戦時中以外では、バブルがどんなにふくれても完全雇用は実現されていない。アメリカの1928-29年でも、特に労働力不足は生じていない。また、あらゆるものが十分にあって、あとは交換コスト分だけしかリターンが期待できないというような過剰投資も起きていない。だからここで金利引き上げをしたら、バブルは治るけど有益な投資も減って、患者は死んだ、ということになったろう。

24. うまくやれば、アメリカやイギリスみたいな大経済で完全雇用が長期的に続くことは可能なはず。

25. さらに完全雇用が実現されるとしても、金利引き上げでバブル対策を唱えるのは変。むしろ消費性向を変えるようないろんな施策を試すべき。たとえば所得再分配とか。

Section IV

26. さて、失業は過小な消費から起きる——いろんな社会制度や富の分配のせいで消費が抑えられているせいだ、という一派がいる。

27. 現在の条件下では——つまり投資量が無計画で、無知な民間投資家やがめつい投機家の判断に任されている状況では——かれらはまったく正しい。他に消費を増やす手だてはないもんね。

28. ただ、かれらに反対はしないけど、消費を変えるより投資を増やすほうが社会的にメリットが大きいんじゃないか、とは思う。投資を無視しちゃいけないよ。

29. てゆーか、両方やったらどう？　公共投資をしつつ、消費性向を変える施策をする、とか。同時にできない法はない。

30. ［上の話を数字を使ったたとえ話で説明］

Section V

31. ビジネスサイクル解消に、求職者を減らそうと主張する一派もいる。

32. でもこれは現状では無理だ。どっかの時点では、働いて所得を増やすより余暇がいい、とみんな思うだろうけど、多くの人は余暇を減らして所得を増やすほうを選ぶみたいだし、これは実現不可能だと思う。

Section VI

33. バブルの初期に金利を上げてそれをつぶせ、と主張する連中がいる。これはばかげている。完全雇用なんてあくまで理想状態だからあり得ない、というロバートソン説を支持するなら話は別だけど。

34. 投資を増やす政策も、消費性向を変える政策もとらないなら、バブルをつぼみのうちに刈り取る金融政策もありかもしれない。でも、バブルで増えた投資だってないよりましかもしれないぞ。それに、安定のために発展の機会を見過ごすのは、あまりに敗北主義ではないの。

35. だいたいこういうバブルを早めにつぶせという説を唱える人は、よくわからずに言ってることが多い。投資が増えるとそれが貯蓄を上回るからまずいとか［そんなことは定義上ありえない］、インフレを起こすからダメだとか［産出と雇用を増やすとバブルであろうとなかろうと必ずインフレにはなるのだ］。

36. あるいはお金の量を増やすことで人工的に金利を引き下げ、それによって無理に投資を増やすというのは何やら邪悪だ、という説とか。でも昔の金利水準がそんないいわけでもないし、増えたお金だって無理強いされるわけじゃないんだよ。貸すより現金を手元に持ちたい人は現金を手にして喜ぶというだけだ。あるいは景気過熱だと過剰消費によって純投資がマイナスになるとかいう人もいる。でもそんなことは実際に起きてないし、だいたい投資が少ないんなら、金利を下げて投資を増やすのが当然でしょ。こいつらの言い分はまるで理屈になってないのだ。

Section VII

37. 昔のビジネスサイクル理論、特にジェヴォンスの理論だと、ビジネスサイクルは季節による農業生産の変動のせいにされていた。これは実に納得がいく。いまでも農業の豊作・不作によるストック変動は投資水準にものすごく効いてくるからだ。ジェヴォンスの時代なら、その度合いはもっと高かったろう。

38. ジェヴォンスの理論を言い直そう。豊作だと、備蓄が増えて作物が翌年に持ち越される。この分は農家の所得増になるけれど、それは社会の消費には影響せず、貯蓄からまかなわれるので、いまの投資の増加になる。不作の時は、備蓄が取り崩される。これはいまの投資の減少となる。他の投資が同じで、農業の経済に占める割合が大きければ、これは景気全体に大きく影響する。だから豊作だと景気がよくなり、不作だと悪化する。ジェヴォンスはその後で、豊作と不作を決めるのは太陽黒点で云々とかいうけど、それはここでの話とは関係ない。

39. あと最近、不作だとみんな低賃金でも働くから景気がよくなる、という変な説が出てきたけど、こんなの相手にしないよ。

40. でも、この説明はいまは時代遅れだ。農業が経済の中で占める割合が減ったこと、そしてグローバル化によって一カ所の豊作・不作がならされる傾向があることがその理由だ。ただ、昔は景気変動の原因は農業［そして戦争］しかないと言ってよかった。

41. いまでも投資水準には、原材料生産［農業と鉱工業］がかなり効いてくる。あと、不景気からの回復が遅いのは、過剰在庫がはけるのに時間がかかる、というのもある。在庫はマイナスの投資みたいなものだから、がんばって公共投資をしても、在庫がはけるまでなかなか回復が起きないこともある。

42. アメリカのニューディール政策はまさにこの好例だ。ルーズベルトが借金して公共事業をしたとき、農業在庫はかなり高かった。これがはけるのに2年かかったので、ニューディール政策の投資も相殺されちゃったのだ。在庫がはけてやっと回復が起きた。

43. 最近の［1930年代の］アメリカの経験は、完成品や仕掛品の在庫変動がビジネスサイクルの中の小変動に大きく影響することを示している。アメリカの統計はすばらしいので、在庫と細かい景気変動の関係がとってもよくわかるぞ。

Chapter 23: Notes on Merchantilism, the Usury Laws, Stamped Money and Theories of Under-consumption

第23章 重商主義、高利貸し法、印紙式のお金、消費不足の理論についてのメモ

■Abstract

重商主義はそんなにバカにしたもんでもない。かれらの主張した保護貿易策は、当時の金本位制の下で金利を引き下げる政策ツールとしてはきわめて妥当なものだった。

高利貸し禁止例だって、古典派は市場に任せればいいというけれど、でもリスクの多い世界では金利が高くなりがちになってしまうから、抑えることも重要だ。

ゲゼルもえらかった。かれが時限印紙式のお金を考えたのは、しっかりした考えに基づいて金利を下げるためだった。もっともかれの理論のほかの部分はダメだけど。

倹約だけしてもだめだよ、消費が増えないとだめだよ、というのを『蜂の寓話』できちんと言えたマンデヴィルもえらかった。

また投資は貯蓄によるのではなく消費に対応するものなのだ、というのを指摘したホブソンもえらかった。かれらは現実の問題をちゃんと見て、不十分ながら実践的な答えを出した。古典派は問題そのものをないことにしてごまかしており、よくない。

■本文

Section I

1. 200年ほどにわたり、実務家も経済学者も、交易条件のいい国は優位にたてるんだ、特に貴金属の流入が起きるような交易条件はいいもんだ、と思っていた。これは古い見方で、今はほとんどの経済学者がまったく根拠レスだと批判している。貿易は自己調整的で、そこに介入しようとしたら適正な国際分業が阻害されるからだ。この古い考え方が重商主義で、新しい考え方が自由貿易だ。

2. 現代の経済学者に言わせれば、自由貿易からくるメリットは重商主義からくると称するメリットを確実に上回るし、重商主義の議論は徹頭徹尾、知的な混乱に基づくものでしかない。

3. たとえばマーシャルは、重商主義に好意的な面もないわけじゃないが、でも重商主義の論点なんかほとんど黙殺している。最近の経済学者は、成長産業の保護育成とか交易条件改善といった議論はするけれど、その際にも重商主義なんか鼻にも引っかけない。1923年でも、保護主義が国内雇用を増やすなんていうのを認めた学者はいない。この点では古典派が圧倒的な力を持っていた。

Section II

4. でも重商主義の学問的に正しそうな部分を述べ直してみよう。そしてそれを、重商主義者たちの実際の主張と比べてみよう。

5. 国が急速に成長しているとき、自由放任状態のままだと、新規投資が不足して成長が阻害されることもある。消費性向が同じなら、新規投資の誘致は投資誘因策によって決まる。総投資は、国内投資と外国からの投資の和になる。総投資が収益性だけで決まるなら、国内投資機会は国内の利率で決まってくるし、外国からの投資は交易条件で決まってくる。だから国内投資を増やすには、国内の利率を高めにして交易条件をよくするのが政府の関心事になる。

6. 賃金水準と、流動性選好と、銀行制度とがそこそこ安定なら、利率はそのコミュニティの流動性選好を満たすために提供されている貴金属の量［賃金水準との比で計測］で決まってくる。同時に、外国への融資や外国の富の所有を大規模にやるのがむずかしい時代だと、貴金属の増減は、交易条件の善し悪しに大きく依存する。

7. だから、昔の政府が交易条件をやたらに気にしたのは、国内利率と交易条件の両方の面で意味があったし、また政府としては他にとれる手段がなかった。昔の政府は、国内金利を左右できなかったし、他に国内投資を増やす手段もなかったから、交易条件を気にするのが外国からの投資を増やす唯一の方法だった。そして国内投資を増やそうとして金利を下げるには、交易条件を通じて貴金属流入を増やすしか手がなかった。

8. でもこの政策が成功するには二つの大事な条件がある。金利が下がって投資が刺激されて雇用が増えると、どっかで賃金水準が上がる。するとそれは交易条件に不利に働いて、当初の意図とは逆に機能する。また国内金利が下がって他の国よりも低くなったら、外国への融資が増えて貴金属が流出し、これまた当初の意図がだめになる。この二つの要因は特に大国だと大きく効いてくる。貴金属の生産が一定なら、どっかの国への流入はどっかの国からの流出だ。だからこっちの国で労働コストが上がり金利が下がったら、他の国ではその逆が起きて、変動が際だつから。

9. 15世紀後半－16世紀、スペインは、貴金属が増えすぎて賃金水準が上がったために貿易が壊滅した例だ。20世紀、第一次世界大戦以後のイギリスは、外国への融資と外国資産の所有が増えすぎて、国内の完全雇用を実現するだけの低金利が実現できなかった例だ。インドは流動性選好が強すぎて、貴金属が大量に流入しても、実際の富の成長に見合うまで金利が下がらなかったために窮乏した国の例だ。

10. とはいえ、賃金水準が一定で、消費性向と流動性選好も一定で、貴金属のストックとお金の量ががっちり結びついているような金融システムの国なら、政府としては交易条件改善を重視すべきだというのは事実だ。

11. でもその場合でも、輸入制限をすれば最高の交易条件が実現できるわけじゃない。初期の重商主義者はこれを知っていて、しばしば保護貿易に反対した。19世紀半ばのイギリスでは、自由貿易こそが最高の交易条件を実現する道だったし、第一次大戦後のヨーロッパでは、交易条件をよくしようとした保護貿易策がかえって足を引っ張っている。

12. だから読者のみなさんも、この議論から出てくる実際の政策について早とちりをしないよーに。保護貿易はよほどの理由がないと正当化できない。国際分業からくるメリットは本物だし莫大だ。保護貿易からくる自国へのメリットは、他国を犠牲にするものだ。だから、保護貿易はほどほどにしないといけない。そうでないと、保護貿易競争が始まって、結局はみんなが損をすることになる。さらに保護貿易は、利害関係者によってゆがめられる可能性があまりに高い。

13. ここで批判したいのは、これまでの古典派理論による自由放任ドクトリンの理論面だけだ。金利と投資量は自律性を持ってるから交易条件なんか心配しても意味ないよ、という議論はよくない。現実的な国の政策として何世紀も重視されていたことを、経済学者たちはただの妄想として片づけちゃっていたわけだから。

14. このまちがった理論に影響されて、ロンドン市は金利と為替レートを連動させるという無謀な手に出た。これは国内で完全雇用を実現するだけの金利を設定するという手段を完全に手放したことになる。まあそれでみんな痛い目にあったようだし、だから国内で失業が起きるような形で交易条件を維持しようというような動きが二度と起きないことを期待したい。

15. 古典派経済学は、個々の企業や、一定量のリソースの雇用からくる産物の分配に関する理論としては実に有益だった。でも、経済全体を見てリソースすべての雇用を考えるべき国の理論としては、むしろ重商主義時代の古い理論家のほうが多少現実的な知恵を持っていたかもしれない。古い理論家たちが高利貸し禁止法によって金利を下げたがったり、お金の国内ストックを維持したり、賃金上昇を抑えようとしたりしたのは意味があったし、それが失敗した時に奥の手として通貨切り下げでお金のストックを回復させようとしたのも意味はあった。

Section III

16. 昔の経済思想家たちは、実際的な知恵にはたどりついていたけど、その根底にある理論はヘボだった。じゃあ、その推奨政策の理由として連中がどんな理屈を挙げていたかを見よう。これはヘクシャー教授『重商主義』があるので実に楽です。

17. (1) 重商主義思想は、金利が適正水準になるような自己調整機能を想定しなかった。高すぎる金利が成長を阻害するのを知っていた。金利が流動性選好やお金の量に依存するのも知っていた。流動性選好がだんだん下がるのと、お金の量を増やすことの両方を気にかけていたし、両者の関係がわかってる人もいた。

18. 金利とお金の量との関係を抽象的に表現したのは、大ロックがペティとの論争の中でやったのが最初らしい。ロックは、お金には利用価値［金利であらわされる］と交換価値［お金の量と商品の量との相対関係に依存する］がある、と言った。だからロックは二重価値（twin quantity）理論の創始者だ。でも、かれはこの両者の関係で混乱して、流動性選好の変動の可能性を見逃した。でも金利を下げただけじゃ価格水準は変わらないことは示した。

19. 他にも、重商主義者が金利と資本効率とのちがいをきちんと理解していたことを示す資料はある。

20. 重商主義者たちは、貴金属が大量に流入しても、それが過剰な流動性選好のせいで溜め込まれてしまえば、それが金利に対してもたらす便益がなくなるのを知っていた。だから国庫に金銀を貯蓄するような政策にはみんな反対した。

21. (2) 重商主義者は値引き競争が有害で、下手をすると交易条件を悪化させることも知っていた。

22. (3) 重商主義者は、「財の恐怖」〔輸出不振で国内在庫がだぶつくこと〕とお金の希少性が失業を引きおこすと考えていた。これは新古典派が200年後にバカげたものとして否定した理屈だ。

23. 重商主義者は、自分たちの保護貿易策がこの点で一石二鳥だと知っていた。

24. かれらがそう思ったのは、経験的に見て史上ずっと、人は投資したがるより貯金したがったからだ。

25. (4) 重商主義者たちは、自分たちの政策が国粋主義的で戦争を引きおこしやすいのも十分承知していた。

26. 承知してたのにそれを見過ごしたのはひどい、という見方もある。でも知的にはかれらはリアリストだった。それは現代の、固定金本位制と国際融資の自由放任政策を支持して、これぞ平和のための最高の策と思っている連中の混乱ぶりよりずっとまし。

27. だって、お金が減ってその他の条件が同じで、お金の流通と金利が経常収支で決まるようなところでは、国内の失業対策としては近隣を犠牲にして輸出振興をし、お金となる貴金属を輸入するしかなかったんだもの。金本位制は、ある国の繁栄を他の国の繁栄とトレードオフにする最悪の政策だ。そして一部の国がそこから離脱しようとすると、正統経済学者たちはそれを復活させろと助言したりする。

28. 実際には正反対が正しい。国際状況と関係ない自律的な金利水準と、国内雇用を最適水準に保つ国内投資策は、自国のためにもなるし近隣国も犠牲にしない。世界中がこれをやるのが、あらゆる点で一番いいのだ。

Section IV

29. 重商主義者たちは、問題があることは理解したけれど、分析を深めてそれを解決することはできなかった。でも古典派は、勝手な前提を作ることで問題自体をないことにしちゃったのだ。

30. 元イギリス首相ボナー・ローは、経済学者たちが自明のことを否定するので困惑していたぞ。古典派理論は現実離れした宗教みたいなものになっている。

31. 昔から「正しい」と考えられていたけれど古典派が「バカげてる」といって否定した話がもう一つある。金利水準は社会的に最適な水準には自動的に落ち着かないから、政府は法規制で金利を引き下げるようにすべきだ、という考え方だ。

32. これは人類最古の経済慣行の一つだ。過剰な流動性選考のせいで投資が抑えられるのは、古代でも中世でもとても悪いことだった。そして、昔は経済的なリスクやハザードが多かったので、投資したがらないのも無理のないことだった。だから危険の多い世界では、金利を放置すれば適正な投資を誘発しないほど高くなるのはあたりまえだ。

33. 古典派は、それがバカげた発想だと教えるけれど、でもそう見えるのは金利水準と資本の限界効率とをごっちゃにしているからだ。

34. アダム・スミスだって、高利貸し禁止法についてはとても寛容だった。貯蓄は投資か借金に吸収されるけれど、前者を増やすには低金利のほうがいいのだ。ベンサムのスミス批判だって、スミス式だと金利が高すぎて事業者がそれを借りて投資するだけのリスクがとれないからだった。

35. ちなみに、ベンサムの批判がスミスの意図をきちんと読めてるかどうかは疑問もある。

Section VI

36. ここで不当に無視されている奇妙な予言者シルビオ・ゲゼルに触れておく。かれの研究には深い洞察があって、単にそれを十分掘り下げられていないだけだ。自分も古典派思想に毒されていたときにはこいつがイカレポンチだと思っていて、その価値に気がついたのは最近だ。

37. ゲゼルはドイツの商人で、その後アルゼンチンに行って、そこの経済問題を見て理論を構築した。その後スイスに引退し、著作と実験農業に専念した。

38. その後、かれの信奉者は変なカルトになってる。でも理論的にもアーヴィング・フィッシャーに評価されている。

39. 崇拝者には変な予言者扱いされてるけれど、ゲゼル自身の著作は冷静で科学的だ。ちょっと社会正義方面の議論に熱がこもりすぎてはいるけど。一種の反マルクス的社会主義理論で、マルクスとちがって古典派理論を受け入れず、競争も否定しなかった。いずれマルクスより影響が大きくなるだろう。

40. ゲゼルは、利率と資本の限界効率をはっきり区別していて、実質資本の成長を左右するのは利率だと指摘。また利率は純粋に金融的な現象だということ、お金が奇妙なのは、富の保有手段として保管コストがないことで、その他の保管コストを持つ財がリターンをもたらすのは、お金の設定する基準のせいだ、というのを主張。

41. でもゲゼルの理論には大きな欠点がある。財のストックを貸して収益が得られるのは金利水準があるからだというのをゲゼルは示した。でも金利がマイナスになれないと述べただけで、なぜ金利がプラスなのか、というのを説明せずにすませているし、金利がなぜ生産資本からの収益に左右されないかも説明していない。かれは流動性選好という概念を思いつかなかったからだ。

42. かれの理論が学問的に無視されたのはこの欠点のせいだ。でも、現実的な提案はできた。実質資本の成長が金利のせいで抑えられていて、金利による制約をなくせばもっと資本は成長する、とゲゼルは考えた。このためには、一時的にゼロ金利でもいいだろう。そこでかれが思いついたのは、フィッシャー教授も絶賛の有効期限印紙つきのお金だ。紙幣は毎月郵便局で買った印紙を貼らないと価値を保てないことにするわけだ。その印紙代は、年率5.2%くらいが提案されているけれど、まあこれはやってみないとわからない。

43. この発想はしっかりしているし、小規模なら実現可能だ。でもゲゼルの考えなかった問題がある。流動性プレミアムを持っているのはお金だけじゃない。だから印紙でお金の流動性をなくせば、別のものがかわりに使われるだけだ。外貨とか宝石とか貴金属とか、時には土地だって。

Section VII

44. ここまで見てきた理論は、有効需要を考えるとき、投資の誘因が十分かどうかを考えるものだ。でも失業の原因として消費性向の不足を挙げる説もある。これは最近になって出てきた考え方だ。

45. 消費不足が問題だという説は重商主義にもあったけれど、でも贅沢はいけないという発想と、金貸しは悪だという根深い発想があったからだ。

46. これを最もよくあらわしているのは、マンデヴィルの『蜂の寓話』だ。

47. 詩の中身は、倹約が流行して豪華な消費が否定され、豪邸や軍備は売られて借金返済にまわされた、というものだ。そうしたら、消費が減って社会が総崩れになった、という話。

48. マンデヴィルは、ちゃんとこれに理論的な根拠を持っていた。

49. この発想は二世紀にわたってものすごい攻撃を受けることになる。

50. それが復活したのは、後期のマルサスになってからで、失業の原因は有効需要の不足だと主張されている。

51. でもリカードはこれを黙殺したし、ミルはちょっと触れたけれどその後継者たちはこれをないことにしてしまった。その後、この発想をきちんと述べて新古典派に刃向かったのは、ホブソンとママリー『産業の生理学』だった。

52. ホブソン自身による本の成立事情説明。この本は、貯蓄が多すぎたらどうなる、という議論から出発している。古典派は、そんなことはあり得ないと主張したけれど、かれはちゃんとそれを理論的に考えた。

53. ホブソンの序文からの引用。投資は生産のために行われ、生産は消費を満たすためのものだ。でも貯蓄は資本を増やすけれど消費を減らすので、貯蓄が増えすぎると過剰投資が起きる、とかれは論じた。

54. ［ホブソンの引用部分は略］ホブソンの考えかたはまだ不十分だ。でも投資が貯蓄ではなく消費に対応するものだ、というのを初めてはっきり述べたのはかれだ。

55. ホブソンは利子の理論を持っていなかったので議論が不十分だった。

56. 低消費の話としては、最近ではダグラス少佐の理論があるが、これはまともなものじゃない。でもマンデヴィルやマルサス、ゲゼル、ホブソンは、不十分とはいえ真実を見ようとした。古典派理論は、明瞭だけれど、まちがったものを見ているだけだ。

Chapter 24: Concluding Notes on the Social Philosophy towards which the General Theory might Lead

第24章　結語：『一般理論』から導かれるはずの社会哲学について

■Abstract

貧乏人はすぐ金を使っちゃうけど、金持ちは使わないお金を貯金する、貯金が多いほうが資本形成が進む、だから貧富の差が大きいほうが資本形成が進んで経済発展する、という理屈がある。だから所得税や相続税は減らそう、という理屈だけど、それはマチガイ。

金利が高いほうが貯蓄が増えて資本形成にまわる金が増えるので経済発展する、という古い理論があるけれど、『一般理論』を見ればそれも明らかにマチガイ。金利は低いほうが投資意欲は高まる。

金利が下がれば、変な不労所得もなくなって平等が進む。よきかなよきかな。

また『一般理論』は、政府の役割を重視するけれど、社会主義みたいなことは言わない。個人の自由はまだまだ重要だし、完全雇用が実現されたら古典派理論は有効だ。

さらに各国が国内金利等のマクロ経済政策で国内完全雇用を実現

できるなら、いままでみたいに外国市場をめぐってけんかしなくていいので、平和な社会が実現する。

こういうアイデアがすぐに受け入れられるとは思わないけれど、長期的には大きな影響力を持つ。

■本文

Section I

1. いまの経済社会では、完全雇用が実現できていないことと、富や所得の配分が不公平なことが大きな問題だ。『一般理論』は当然、前者には関係している。でも後者にだって関係がある。

2. 富の再配分は、所得税と相続税でかなり改善されたけれど、でもこれをあまり強化すると、脱税が増えたりするし、また貯蓄性向が減って［税金で取られるくらいなら使っちまおうと思うから］資本形成ができなくなり、経済成長が止まるという懸念を述べる人がいる。でも、脱税はさておき、完全雇用が達成されるまでは資本の成長は消費性向が高いほうが加速するのだ。だから課税を通じて富の再配分を進めて貯蓄性向を減らすほうが資本成長のためにもいいのだ。

3. 世間はこの点について考えが混乱していて、相続税が上がると資本形成が減ると心配している。でもこれは完全にまちがってる。

4. だから、現代［20世紀初頭］の富の成長は、一般に信じられているように金持ちが贅沢を控えて貯金することに依存するわけじゃない。連中の倹約はむしろ富の成長を阻害する。だから、どんどん課税して富の平等を追求するほうが、［金持ちが消費するようになって］富の成長に貢献する。これも『一般理論』が教えてくれることだ。

5. 多少の不平等を正当化する理屈はあるけれど、現状ほどの格差はどうしても正当化できない。変に権力欲の強い人が、実際に権力を握るよりもその欲を蓄財に向けて、金持ちになって周囲を見下すことでその欲望を満たしてくれたほうが、はた迷惑の度合いは少ないだろうから、あまり平等を追求しすぎないのもいいだろう。でもだからといって不平等がいいわけじゃないのだ。

Section II

6. さて『一般理論』からは、富のもっと重要な議論が出てくる。これまでは、経済成長のためには貯蓄を奨励すべく金利を高くしておけ、というのが通念だった。でも『一般理論』では貯蓄水準は投資で決まるし、投資は低金利のほうがいいことがわかる。だから、完全雇用が実現されるまで金利は下げるべきだ。

7. この理屈にしたがえば、金利はこれまでよりずっと下がるはずだし、資本量がどんどん増えるにしたがって金利はゆっくり下がり続けるはずだ。

8. 要するに、耐久消費財からのリターンは、普通の財からのリターンにリスク分やメンテ費分を加えた程度のものに下がるはずだ。

9. そうなると、これまで不労所得者たる資本家が享受してきた資本からのあがりもかなり目減りするだろう。資本はどんどん増えて、希少性がなくなる。

10. そうなると資本主義の中で不労所得者というのは、やがて消え去るだろう。結構な話だ。

11. だから、資本が増えて希少性が減ると同時に、税金で富の不平等がなくなり、実業家としての投資家は、適正な見返りを得るだけになる。

12. 一方で、消費性向をどこまで変えるべきかとか、投資への振り向けをどのくらい左右すべきかというのは、やってみないとわかんない話だというのも忘れちゃいけません。完全雇用を実現しつつ資本の希少性を下げるというのをどうすれば実現できるかは、まだまだ議論の余地がある。

Section III

13. あと『一般理論』はちょっと保守的だ。いまよりは政府のコントロールを強めることを主張するけれど、そうじゃない部分もたくさんある。課税や銀行の金利を通じたコントロールだけではつらいので、完全雇用を実現するためには、投資をかなり社会化する必要があるだろう。でも、これは国家社会主義を唱えるものじゃない。社会主義みたいに、生産手段の所有が重要だなんてことは言わない。

14. いま受け入れられている古典派経済学を『一般理論』では批判したけど、それは分析がまちがってるってことじゃなくて、前提条件が非現実的なので現実の経済問題を解決できない、ということだ。でも中央コントロールが完全雇用に対応するだけの産出を実現できたら、その後は古典理論が役にたつようになる。だから、そこんとこさえ実現できたら、古典理論を捨てる必要はないのだ。

15. また、いまの経済システムが雇用の中身を間違えているとは思わない。総量は不測しているけれど、いま雇われてる人たちをシャッフルしなおす必要があるとは思わない［つまりその部分は経済は機能しているので、中央でコントロールする必要はない］。

16. 完全雇用を実現するためには、政府はいまの機能をかなり拡張する必要はある。さらに古典理論でも指摘されているとおり、なんでも放置すればいいわけじゃなくて、コントロールも必要だ。でも、個人のイニシアチブや責任に任される部分はたくさん残るし、そこでは今まで通り個人主義が優位だ。

17. で、その優位性って何？　効率がいいこと。個人の自由を維持できること。生活の多様性を守れること。

18. だから政府の機能が消費性向と投資誘発の調整を含むようになるのは、自由主義の侵害に思えるかもしれないけれど、でも政府がそれをしないと資本主義が崩れて個人の自由もなくなるよ。

19. だって需要が低いと、リソースが無駄になっていやだし、それを活用する実業家も大きなリスクにさらされるもの。有効需要が適正なら、平均的な技能さえ持ってれば生き延びられる。それが低いと、かなり高い技能の人しか生き残れないんだよ。

20. 今日の権威主義的国家システムは、失業を解決するために効率性と自由を犠牲にしている。もちろんいまの利己的資本主義からくる失業はいやだけれど、効率性と自由を犠牲にしないでそれを解決する手段もあるはずだ。

Section IV

21. さっきさりげなく、この新しい仕組みのほうが昔の仕組みより平和のためにはよいのだ、と述べた。それをちょっと説明しよう。

22. 戦争の原因はいくつかある。独裁者が人民を操るとか。でもそういう民衆の扇動に火をつけるのは、何よりも戦争の経済要因、つまり人口圧力と市場を巡る争いだ。市場は19世紀の戦争には重要な役割を果たしたし、ここでの議論でも重要だ。

23. 前章では、19世紀後半には国内の自由放任［レッセ・フェール］と国際的な金本位制のおかげで、政府としては国内の経済問題の解決策として市場をめぐって競合する以外に手がなかったんだ、ということを指摘した。失業が起きたら、政府としては国際収支を改善する以外に産出を改善できなかった。

24. 経済学者たちは、これが国際分業と各国の利害をうまく調和させてると喜んでいたけれど、でもそれには別の影響があった。もののわかった政治家たちは、市場を求めて闘争しないと国は衰退する、というのに気がついていた。でも国が国内政策で完全雇用を実現できるなら、国同士でけんかする必要はなくなる。条件次第では国際分業も国際融資も行われるけれど、でも交易条件を改善するために別の国に自国の商品を押しつけたり、輸入品を毛嫌いしたりする理由はなくなる。

Section V

25. こういう発想の実現は、夢幻のような希望でしかないのか？ 政治社会の進化を律する動機の中に十分な根を下ろしていないと考えるべきか？　これにより損失を被る人たちの利害のほうが、便益を受ける人たちの利害よりでかいだろうか？

26. それはわからん。ここで述べたアイデアをどう実現するか、というのはまた別の話。ただし、アイデアが正しいなら、その力を過小評価するのはまちがいだと思う。現代だと、人はかなり根本的な診断を喜んで受け入れようとしているし、可能性さえあれば目新しい考えを喜んで試そうとしている。でもこういう現代の発想を除いても、経済学者や政治哲学者たちの発想というのは、それが正しい場合にもまちがっている場合にも、一般に思われているよりずっと強力なものだ。というか、それ以外に世界を支配するものはほとんどない。知的影響から自由なつもりの実務屋は、たいがいどっかのトンデモ経済学者の奴隷だ。虚空からお告げを聞き取るような、権力の座にいるキチガイたちは、数年前の駄文書き殴り学者からその狂信的な発想を得ている。こうした発想がだんだん浸透するのに比べれば、既存利害の力はかなり誇張されていると思う。もちろん発想はすぐには影響しないけれど、しばらく時間をおいて効いてくるのだ。

KEYNES
The
General
Theory of
Employment,
Interest
and Money

要約

ケインズ

雇用と利子とお金の

一般理論

解説

飯田泰之

解説なんてガラじゃないので、とりあえず、ゴマすりからはじめよう。この『要約　一般理論』は山形さんじゃないとできないプロジェクトである。第一に学者には絶対無理。日本の大学ってちょっと特殊なとこで、「ケインズ経済学の専門家」よりも「ケインズの専門家」の方が多いんじゃないかってくらい特定の人物の思想を追う専門家が多い（最近の若手はそうでもないけど）。そんななかで『要約　一般理論』なんて出版しようものなら、お爺さま方に微に入り細に入りアラを捜されて、いじめられっ子になっちゃう。大御所級なら出せるかもしれないけど、こんなに簡潔な記述はできない。自身の研究人生のすべてを投入して本編より長い要約版（⁉）になるのが目に見えている。もっとも経済学なんてホントに全然わかってないライターさんならそういう暴挙に出るかもしれないけど……それがただのトンデモ本になるのは容易に予想できるだろう。その意味で、本書を読んで何らかの意味でよかったなぁと思った人は現代の日本に山形浩生がいたことを天に感謝するように。

本書の著者（訳者?約者?）に必然性があるのに対して、巻末になんか書いている僕（飯田）には全く必然性がない。確かにこの手の本の解説は学説史研究者はなかなか引き受けてくれないだろう。でも理論や計量の研究者で僕よりケインズに詳しい人はいくらでもいる。謙遜じゃなくてホントに。解説の執筆を依頼されたとき「えっ⁉　なんでK島先生じゃないの?」と思ってしまったくらいだ。単にそっちに断られただけかもしれないけど。

「僕よりケインズに詳しい人はいる」というのさえも、実は、見栄を張りすぎ。むしろ今もこの感想を書く手が震えるくらい僕は『一般理論』を全然理解してない。ビビリすぎて文体もちょっと山形風味になっちゃうくらい。そんな僕も、これまでの人生で『一般理論』を読もうと思ったことが三回ある。

一回目は学部のサブゼミで。五人くらいで輪読しようとして挫折。「小麦の利子率」とかワケわかんなすぎて頭が崩壊しそうになった（「wage-unit」も意味不明だった……山形さんも同じ疑問を持ったみたいでちょっと嬉しい）。二回目は修士課程の時。数年前の自分達のように「『一般理論』を読もう」という無謀な試みを始めた学部生にTAとしてあてがわれた。なんたって先生役の僕が全くわかってないんだから「暗闇への跳躍」どころの騒ぎじゃない。みんなで落とし穴にむけて突撃しただけで終了。三回目は駒大への就職が決まってなんだか将来への希望に満ちあふれて、なんでもできるような気分になってた冬休み。これまでの二回は『一般理論』の某有名解説書と対照しながら読んだことが失敗の元だった（この読み自体は結構正しいんじゃないかと思っている）に違いないと決めつけて原典を独学。独学だとどうしても難しいとこを見なかったことにしちゃう……結果、格言みたいなかっこいい部分を拾っただけ。

この乏しい経験で本書の解説を書くのはハードルが高すぎる。そんなわけで、僕はあくまで「本書で初めて『一般理論』を知ったいかにも今風な若手経済学者」の体で感想を書くにとどめたい。

経済学村の外の人は意外に思うかもしれないけど、現代の理論・計量系の若手は古典なんか読まないのが普通。そんな暇あったら最新のジャーナルの論文を追わないと生き残れないっぽいから。僕はなんだかペダンチックなとこがあるので『一般理論』とか『資本論』になんとなく憧れがあるんだけど——たぶん少数派だと思う。でもね。最近意外と古典って役に立つんじゃないかと思ってる。それは奇しくもケインズ経済学最大の批判者フリードマンの著作である『価格理論』と『資本主義と自由』を読んだのがきっかけだ。後者は数年前に新訳が出たから見たことある人もいるかもしれない。裁量政策（要は政府とかが「状況を総合的に判断」して政策を行うこと）の危険性から規制緩和に格差対策まで……現代的な課題がほとんど書いてあるんだ。

もちろんフリードマンの著作で用いられる経済理論は非常にプリミティブで、今これをそのまま学術誌に送っても落ちると思う。でもだいたいのアイデアは書いてある。あとはこれを現代の経済学風味（なんだか数式がいっぱい出てくるヤツ）にしてやればどんどん論文が書けちゃうんじゃないかな——と少なくともそんな気分にはなれる。古典に書かれているアイデアの中には、フリードマンに限らずちょっとお化粧すれば画期的な論文になり得るアイデアが潜んでいるかもしれない。ちなみに世界経済の皇帝たるベン・バーナンキ（FRB議長）の主要業績もいじわるに言えば1920年代のアーヴィング・フィッシャーの復刻版だ。

フリードマンと正反対のマルクスについても現代的な課題が転がっている可能性はあると思う。あるセミナーでの清滝信宏先生の報告に対し、岩井克人先生が「これは資本論の○○信用論（飯田の教養不足でよくわかんなかった）の応用だね」とコメントしたのを受けて、清滝先生が「そうだ」と答えていたのでたぶん間違いない。

最近、経済学の古典はちょっとしたブームみたいだ。でも古典の意義はリーマンショックで資本主義がどうこうだからみたいなふにゃけた話じゃない。古典の中で「荒っぽい形で示されている仮説」を「現代の道具立てで論じる」ことであらたな経済理論を生み出すことができるかもしれない——つまりは古典にはまだ埋蔵金がありそうだという話なんだ。

その意味で、ちょっと最近の人すぎてライバルの発掘隊がうようよいるフリードマンよりも、さすがに掘り尽くされて何も出なそうなマルクスよりもケインズは魅力的かも知れない。だいいち教科書的にはケインズによって「マクロ経済学」という分野が確立されたことになっている割には『一般理論』と「マクロ経済学」は似ていない。

その第一の理由は、これまた、当時の経済学の手法面での制約にありそうだ。今もなお資格試験とかで出てくるIS-LMモデル、要はかつて花形だった「ケインズ経済学」はヒックスが“Mr. Keynes and the Classics:A Suggested Reinterpretation”という論文でケインズのモデルをわかりやすく、お手軽に経済分析に使えるようまとめたものだ。当時の数理経済学の水準のせいか、そのモデルは静学分析（時間の経過をなんとなくごまかした分析法……簡単で扱いやすいという利点がある）にとどまっている。しかし、10年近くぶりに『一般理論』に触れるとあらためてその主張は現在から将来にかけての変化や、将来の期待の重要視などにみてとれるように徹底的に動学的（静学的の反対）な視点を重視したものであることを再認識させてくれて味わい深い。

現代のマクロ経済学は動学的なモデルを取り扱う技術を十分に有している。というより学会は動学分析じゃないとダメという雰囲気。ならば『一般理論』のアイデアのひとつでも現代の動学モデルに乗っけることができればかなり画期的な業績になるんじゃなかろうか……という野望を胸に抱きつつ、やっと本題。『一般理論』と本書『要約　一般理論』について考えてみたい。

『一般理論』を一言で要約すると貯蓄と投資、その結果として総需要と総供給、さらには労働需要と労働供給は一致しないのが普通だよという話だ。この二行がわかれば『一般理論』どころかこの本もいらない（嘘）。

「ある市場で受給が一致しない……その理由は?」と問われたならばほとんどの経済学者は「価格調整がうまくいっていないから」と答える。これは当時の経済学者も同じだったようで、50年代から70年代にかけての主流派である新古典派総合ケインジアンもそう考えた。だから「価格が硬直的となる短期はケインズ理論、価格が十分調整される期間の分析には新古典派」という風にケインズを過渡期的現象の記述としてとらえてなんとか新古典派の枠内にとりこもうとする。

ここで「それって変だ!」と思った人は『一般理論』第Ⅰ巻をちゃんと読んだ人。だってケインズの目指したのは「新古典派理論を特殊ケースとして含む“一般理論”の構築」なんだから。この矛盾に気がついた人は当時の主流派＝新古典派総合≒アメリカケインジアンとは距離をおいた。そんな人たちは今日ポストケインジアンといわれる……んだけどポストケインジアンが何をしてるのかは僕が全然知らないので割愛。

さらに、80年代に入ると、新古典派への妥協をさらに進めて、重ねて、ケインズの貢献を矮小化する愚か者達の集団（＝ニューケインジアン）が登場する。ちなみに飯田の現住所もここ。ただし、ニューケインジアンはかつての新古典派総合タイプのケインジアンよりはだいぶましだと思う。たいていのニューケインジアンモデルで価格調整の速度を∞にすると新古典派モデルになる。新古典派モデルを特殊ケースとして含むという点でケインズの遺志をちょっとだけ受け継いでいるしね。ただし、ニューケインジアンは価格調整が最適じゃないだけでその価格においては需給が均衡していると考えるのでむしろ退化したと考える人も多い。

しかし、ここまで読み進めた人ならわかると思うけど、新古典派総合もニューケインジアンも正直『一般理論』には遠い。何よりの違いは出発点。「価格調整のせいで市場で需給が一致しない」「価格調整のせいで最適な経済環境に至らない」と想定しているところがケインズと全然違う。ケインズは需要側と供給側で全然違う理由で需要量・供給量を決めているから、両者は異なるという点を強調しまくってる。両者の見ているもの、考えていることが違うから一致しないというわけ。新古典派は価格が仲介役となって需給が等しくなるんだけど、気にしているファクターが異なるならそうは問屋が卸さない。

第一の不一致が『一般理論』第8章〜第12章。投資需要とその元手の供給元である貯蓄の間の食い違いだ。老婆心ながらちょっと説明。誰かが消費しなかった分の中からしか投資には回せない、消費と投資の合計が総需要だ。所得（総供給）は消費と貯蓄にわけられる（というより所得のうち消費されなかった部分を貯蓄と呼ぶ）。だから貯蓄と投資が一致しないということは総需要と総供給が均衡しないというのと同じ意味というわけ。

この部分は比較的静学的な取り扱いが可能なせいか新古典派総合でのケインズモデルではすごく重視されていた。ちなみに限界消費性向を使ったケインズ型消費関数はIS-LMモデル、というかそのIS曲線を導くための45度線モデルの主役だ。現代の研究においても情報の非対称性やゲーム理論、場合によっては行動経済学を駆使して「貯蓄と投資が利子率を通じて均衡する」というところにくさびを打ち込もうと日夜研究がつづけられている。

しかし、ケインズが注目する不一致はここだけじゃない。もうひとつの山場は第17章にある。ここでは貯蓄と投資が一致しない理由として貨幣による貯蓄の存在が注目される。いわゆる流動性選好の章だ。かつては流動性選好の部分はケインズの記述には一貫性がなく、混乱しており、現代理論へのインプリケーションは少ないという意見が主流だったみたい（今でもかも）。ここに徹底して注目し、現代的なモデルとしてよみがえらせる試みを続けているのが小野善康先生だ。小野善康発掘隊がはりついているのが黄金の大鉱脈なのか、廃坑なのか現時点ではまだわからない。ただ、最近の論文では次に説明する労働市場での価格の問題を小野モデルのもうひとつの基礎にしようとしていることから考えると、僭越ながら、小野先生のケインズ理解はわりと僕と近いんじゃないかなと思ったりもする。

第三の不一致は第V巻の労働だ。労働市場の研究自体は2010

年にノーベル賞みたいな賞をとるくらい活発に行われている。これらの研究は「人捜し」と「職探し」の間にマッチングの問題があることから単純な需給均衡とは異なる労働市場の状況に至るという筋立てだ。だけど、『一般理論』での不一致はそういう話ではなさそう。労働市場において企業が見ているもの、判断基準としている価格が労働者のそれと異なるというモデルは非常にケインズっぽいといえる。公正（フェア）と思える賃金以下では働かないという想定などは近年徐々にマクロモデルで用いられるようになってきている。

別に『一般理論』っぽくなきゃいけないなんてルールはないので余計なお世話だけど、『一般理論』にはまだ何か埋まってそう。どこに何が埋まっているのか。これまでもずっと花形だった第Ⅲ巻か、小野先生の言う第17章か、それに比べるとちょっと地味な第Ⅴ巻か。もしかしたらその他の全然違う部分だったりして（まぁ第Ⅱ巻はないと思うけど……もしかして⁉）。新世代の経済理論の埋蔵場所探しを観戦する気持ちで本書を再読していただくと新たな発見が得られるかもしれない。そして研究者の人——この雑文に刺激されてホントに何か発見しちゃったらせめてスペシャル・サンクスに僕の名前を入れてよね。

KEYNES
The
General
Theory of
Employment,
Interest
and Money

要約

ケインズ

雇用と利子とお金の

一般理論

訳編者解説
山形浩生

というわけで、『一般理論』を一通りまとめたから、あとはみんな読んで勉強してね……といいたいところだが、みなさんの横着ぶりはよく知ってる。それに、『一般理論』は当時の経済学者を主な読者として、当時の世界経済の状況の中で書かれたものだ。その中で、いろんなことをやろうとしているので、結構とっちらかっていて、パッと通読してわかるものじゃない。

そのうえ、ケインズ経済学は、その後いろいろ歴史的にもまれている。本書が出たあとの話も書いておく必要があるだろう。そして、それをなるべくバイアスのない形でやっておく必要がある。実はケインズの専門家に解説をお願いすると、その人の志向にひきずられてかなりバイアスが生じかねないし、狭い業界的な配慮も入り込みかねない。というわけで、ぼくが少しやってみよう。

1 ケインズってだれ?

そもそものケインズについては、伝記や解説書はやまほど出ているので、詳しくはそちらを見てほしい。どれでもいい。でもかれについて本当に知っておくべきことはごくわずか。

ジョン・メイナード・ケインズ（1883-1946）は、イギリスの大経済学者だ（知的業績のみならず、身長190センチ超のホントに大経済学者だったとか）。マーシャルの弟子として当時の主流経済学を身につけ、第一次世界大戦後には官僚としてパリ講話会議に参加、ドイツに過大な戦後賠償を課すことが誤りだと指摘した。投機家として大損したり大もうけしたり、享楽的な遊び人の面も持ち、政治的なたちまわりもうまく、弁が立ってあれこれ論戦も繰り広げて、エピソードには事欠かない。

でも、かれについて本当に知るべき唯一のことは、ここに紹介した『雇用と利子とお金の一般理論』を執筆して、経済学にまったく新しい考え方を持ち込み、理論面ばかりかその後の世界経済運営まで一変させてしまった、ということだ。

で、この『一般理論』には何が書いてあるのか?

2 ケインズは『一般理論』で何をしようとしたのか?

2.1 それまでの経済学とは:基本は放置プレイの古典派経済学

「はじめに」を読んでもわかるように、この『一般理論』はそれまでの古典派経済学に対する反論、またはその拡張として書かれている(古典派と新古典派の区別はここでは重要でないので無視)。ケインズはその古典派の伝統の中で教育を受け、それを熟知していたが故に、その欠点もよくわかっていた。では、それまでの(そして今もある)古典派経済学って何だろうか?

古典派は、経済学の開祖とされるアダム・スミスが考案し、その後リカードが定式化したものだ。こんな本を読もうという人ならご存じかもしれない。アダム・スミスは「見えざる手」という話をした。市場の取引があれば、人々が自分の一番得意なことに集中して、自分の利潤を利己的に追求することで、万人にとっていちばんよい結果が出る。価格メカニズムを通じて需要と供給が均衡し、あらゆるものが無駄なく使われる、という話だ。

そして、ここから出てくる経済学の処方箋は基本的に一つ。すべてを強欲な人々の利潤追求と強欲さにゆだね、それらが相互作用する自由な市場の働きにまかせなさい。政府は基本は何もするな。余計な規制はかえって社会をだめにする。市場に任せるのがいちばんいい!

さて、これを弱肉強食だとか嘆かわしい強欲肯定で倫理がないとか、いささかピント外れな文句を言う人もいる。だが、市場に任せたほうがいいという議論は、ほとんどの場合には正しい。その意味で、経済学という学問は、実は出発時点で答えが9割は出てしまっている。その後の経済学は、残り一割の、市場がうまく機能しない例外的なケースをあれこれつつきまわしているだけだとさえいえる。

他の学問でもそういうことはある。世の中のほとんどはニュートン力学で用が足りる。アインシュタイン理論を持ち出す必要のある場面なんかこの地上にいる限りほとんど生じない。

だが経済学だと、物理学とはちがう面がある。人々が経済学にすがりたいのは、まさにその自由放任ではすまない場合だ、ということだ。人々が求めているのは、何もしないことの正当化では（必ずしも）ない。中古車がなぜかまったく売れない。それはなぜだろう？　ある地域で、不動産がやたらに売れ残っている。なぜだろう？失業者が大量にいて、いっこうに減らない、なぜだろう？　放任で事態が改善されないからこそ、経済学の知見が求められる。

そしてその最大のケースが、不景気とか不況とか呼ばれる状況だ。

2.2　不景気って何?

不景気の正式な定義というのはある。経済が数期続けてマイナス成長したら不景気だ。でも、そうした形式的な定義よりも重要な不景気の特徴がある。

不景気を特徴づけるのは、大量の失業だ。失業というのは、人だけじゃない。不景気では、モノが売れない。大量の商品が消費されずに倉庫にたまる。工場の機械はストップしたまま。家やオフィスは借り手や買い手がつかず、空き家のまま。そしてもちろん、多くの人が雇用されずに失業する。

なぜ市場が機能しないんだろう。古典派はこれが説明できない。売れなければ値段が下がって需給はすぐにマッチし、不景気が長い間続くなんてことはあり得ないはずだ。でも、実際に不景気は長いこと続く。その不景気について古典派経済学が主張できた処方箋は、極論すればおおむね次の三つになる。

1. 待て。あれこれ調整に時間がかかってるだけ。長期的には市場メカニズムが機能して、いずれ完全雇用に戻る。
2. 規制をなくせ。政府が市場の自由な働きを妨害してるんだろう。規制を緩和しろ。
3. 組合やカルテルが悪い。市場の価格調整メカニズムを妨害してる連中がいる。賃下げを阻止する労働組合とか、商品価格をつり上げようとするカルテルとか。そういうのをつぶせ。

なんだか、全部最近の日本の処方箋として声高に言われてるものに思えるだろう。でも、これはどう見ても十分な答えではかった。いま失業して苦しんでいる人々は、待てといわれて、はいそうですかとは言えなかった。こういう話が大きく問題になるまでに、その人たちはすでに数年も苦労を強いられている。「いずれ」っていつよ？　またそれに突き上げられる政府だって、待てなくはないがいつまで、というのがある。古典派はそれに答えられなかった。また規制にもいろいろある。どの規制が重要なのか？　それに不景気の常として、昨日まであまり問題でなかった規制が、なぜ今日は突然影響するのか？　これもわからない。組合やカルテルだって話は同じだ。それに、価格調整はいろんな形で起こる。たとえば経済がインフレになれば、賃金は同じでも価格調整は起こる。でも組合はそんなのには反応しない。なんか変では？

特に1930年頃の、ウォール街大暴落を発端とする世界大恐慌ではこれが顕著だった。失業はどこを見ても続き、職をくれるなら半値でも働く、なんて人はどこにでもいた。どっかの悪い組合やカルテルが価格をつり上げてるなんて話ではない。待っている間に企業は倒産し、人々はどんどん自殺する。

これに対して、「陳腐化した企業がどんどん破産して退出するのはいいこと、ゾンビ企業はつぶれて優秀な企業だけ残ればいいのだ」なんてことを言う人もいた（今もいる）。でも、企業はさておき、人は？　だめなやつは首をくくって当然、ゾンビ労働者はあの世に退出願って優秀な人だけ残れ、なんてことはいえない。

ケインズは、そうした古典派経済学の無力を理解していた。実際に新古典派理論でまったく説明のできない大量失業が長いこと起きていて、それがいっこうに解消しないのも見ていた。一方でかれは、新古典派理論を十分に身につけており、それが時に正しいことも知っていた。古典理論に不足しているものは何だろう。現実をきちんと説明でき、しかもそれに対する有益な処方箋も下せるような理論は何だろうか？　人々がすでにかなり長いこと苦しんでいるのに「長期的にはよくなる」しか言えないのでは意味がない。そういう主張をする古典派経済学者に対し、ケインズは「長期的には、われわれみんな死んでいる」とやりかえした。みんなが死ぬ前に何かしないと。ケインズはそれを考案しようとした。その結果がこの『一般理論』だった。

3　一般理論の主張とその活用

3.1　一般理論のキモ：財や労働の需要が、お金の需給に左右される!

で、この『一般理論』の中身だが、せっかく要約したんだからここは是非とも本文をお読みいただきたいところ。が、横着な方のために、クルーグマンによる本書結論の要約を以下に挙げよう。

1. 経済は、全体としての需要不足に苦しむことがあり得るし、また実際に苦しんでいる。それは非自発的な失業につながる。
2. 経済が需要不足を自動的になおす傾向なんてものがあるかどうかも怪しい。あるにしてもそれは実にのろくて痛みを伴う形でしか機能しない。
3. これに対して、需要を増やすための政府の政策は、失業をすばやく減らせる。
4. ときにはお金の供給（マネーサプライ）を増やすだけでは民間部門に支出を増やすよう納得してもらえない。だから政府支出がその穴を埋めるために登場しなきゃいけない。

いま、これはそこそこ常識的な話だ。でも当時の古典派経済学では、どれもほとんど考えられない話だった。おさらいをしておくと古典派理論では、需要不足なんてのは起きないはずだった。供給が余ったら、価格メカニズムを通じてすぐに市場がそれを調整し、需要が発生する。稼いだお金はいずれ消費されるか、預金されて銀行を通じて投資にまわるはずだ。

これはセイの法則と呼ばれ「供給は需要を作る」と表現される。でもケインズは、これを踏みつぶした。何かを作ってもそれが必ず何らかの形で売れる／使われるとは限らない。極端な話、何かを作ってそれを死蔵したら?

それが特に重要なのはお金の場合だ、人は稼いでも、その所得の一部を現金のまま手元に置いておきたがる。つまり消費もされず、投資もされない所得が必ずあるのだ。だったら、セイの法則はあてはまらない。そしてケインズが（特に一般に理解されているケインズ経済学が）指摘したことは、そのお金の市場が財の市場（需要）を制約する、ということだ。投資案件があっても、それがお金の需給で決まる金利水準より儲からないものなら、投資は行われない。そして、人々が手元に持ちたいと思っている現金の量よりも世の中に出回っている現金の量が少なければ、その現金で取引できるだけのモノしか買えない。したがって、それだけのモノ生産や投資に対応するだけの人数しか雇えない。それは世の中に実際どれだけ労働者がいるかという話とは関係ない。だから水準次第では、総需要の不足が起き、つまりは失業が起きる。

これはモノの需給や労働の需給で価格や賃金が変わり、それによって需給が一致する、という古典派の理論とは、まったくちがう議論だった。だがまさに当時、長引く大量の失業者の存在はケインズの見解を裏付けるものとなっていた。

また古典派が政府に対して出せる失業対策の提言は、我慢しろ、規制をなくせ、というものだった。政府が市場の働きをゆがめてはいけない、長期的には市場がすべてを解決する、と。でもケインズの理論は、政府がお金の供給を増やしたり、公共事業を行ったりすることでもっと積極的に失業をなくせると説明する。

異論もあるが、一般には第二次世界大戦がまさにそうした巨大な公共事業として機能し、ケインズ理論が裏付けられた、とされる。確かに経済は、ケインズの言う通りに動いたように見えた。

3.2　IS-LM理論

だが、そのままではケインズ理論はさほど広まらなかったかもしれない。『一般理論』はいささかとっちらかっている。消費や需要の話があり、雇用の理論があり、投資の理論があり、金利の理論があり、お金とは何かという理論があり、でもその相互関係はわかりにくい。結局この理屈でどうしろと?　アレはダメ、コレはダ

図1○IS曲線

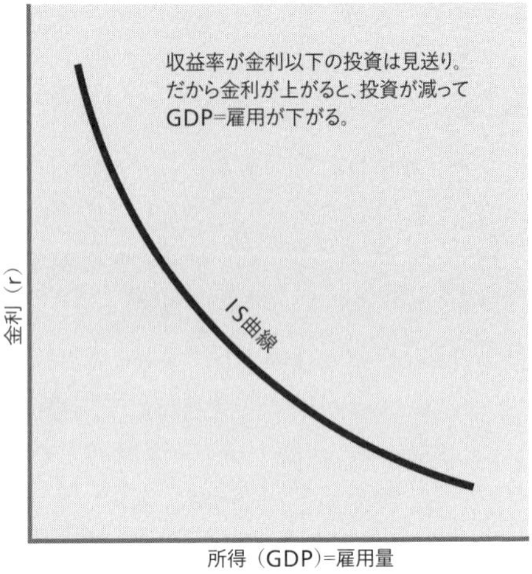
収益率が金利以下の投資は見送り。
だから金利が上がると、投資が減って
GDP=雇用が下がる。
IS曲線
金利（r）
所得（GDP)=雇用量

メというのはわかったけれど、全体としてはどういう組み立てなの？　お金を増やせとか公共投資をしろという以外に何をしろと？『一般理論』を読んだだけではなかなかわからない。

それを使える形にしたのが、ヒックスがこの『一般理論』について古典派との比較で概説［*1］を書くときに、お手軽に作り上げたIS-LM分析だった。

IS-LM分析を簡単に説明すると、さっき述べた通り、経済というものを個別の需要供給の寄せ集めと考えるのをやめよう、という話だ。モノ（財）の市場とお金の市場があって、それが金利を通じて相互作用しているのだと考えよう。そうすれば、他の市場（たとえば金融市場）の状況次第で、モノの市場が完全雇用以外のところで均衡することがありえる。

まず、実際のモノのほうを見よう。ちなみに、モノの市場は、それを作る

［*1］「ケインズ氏と古典派」(1936)。邦訳は http://genpaku.org/generaltheory/hicksislm.pdf

金利が上がると投機や予備用の現金
が減る。その分、取引用の現金が増やせ
て、GDP=雇用も上昇できる。
LM曲線
GDP=雇用が下がると取引用の現金が
不要に。それは投機や予備にまわるので、
金利は下がる
金利（r）
所得（GDP)=雇用量

図2○LM曲線

ための労働の市場とほぼ同じだと考えていい。社会の総所得＝総生産は、社会が消費する分と、投資する分と、公共投資で決まる。消費は、総生産一定比率（消費性向）だ。これは第10章に出てきた。投資は、投資収益の高いものから実施されて、金利に等しい案件まで実施される。貯蓄して利息をもらうよりも投資した方が儲かるからだ。だから金利が低くなれば投資は増えるし、高くなれば投資は減る。これは第11章に出てきた。公共投資は勝手に政府が決める。

これで金利とGDPの関係が決まってくる。これがIS曲線だ【図1】。でもそこで決まるGDPは、その経済のリソース（たとえば労働者）をすべて使った完全雇用の水準ではないかもしれない。金利がものすごく高ければ、GDPは低くなり、労働者全員が働けないかもしれないのだ。

じゃあその金利はどう決まるんだろうか？　そこで出てくるのが、

図3○IS-LM曲線

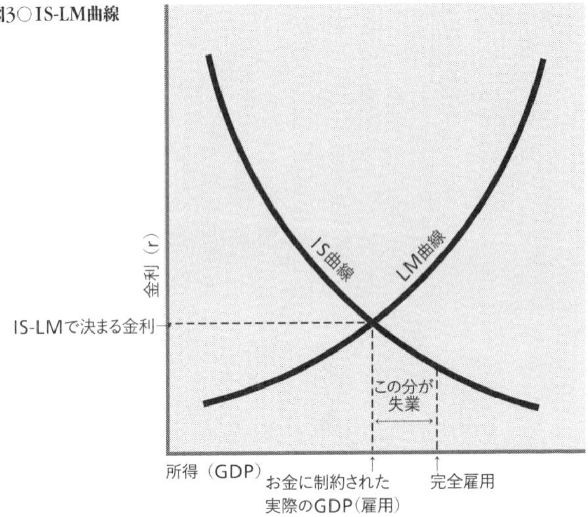

金利の理論、第13章の話だ。金利は、人が手元に置きたい現金と、実際に世の中にある現金の量で決まる（第13章section II）。お金を人が必要とするのは、取引に使うためと、各種変動に備えた予備のため、そして投機のためだ。取引にいるお金は、実際の取引による所得（GDP）にだいたい比例する。予備のお金も同じ。金利が高いと人は利息のつく形で財産を保管して、現金を減らすようにする。

でも、世の中の現金の量は、中央銀行が決めるので、上のお金の需要は、その枠内でやりくりするしかない。取引に使う現金（GDPに比例）を増やそうとしたら、予備の現金（金利に反比例）を減らすしかないし、その逆も真だ。すると、それが釣り合うGDPと金利の組み合わせが生じる。これをグラフにしたのがLM曲線だ【図2】。

そしてこのISとLMを重ねて描くと、その交点がその経済の金利とGDPだ。そのGDPの水準次第で、雇用の水準も決まる。それは、完全雇用ではないかもしれない。そのずれた分が失業だ。その失業は、労働市場がどんなにがんばっても、改善されない【図3】。

これは、ここに書いた程度の話を漫然と読むだけでは、たぶん絶対にわからない。ケインズ経済学に興味があるなら、ホント、これだけはどんな教科書でもいいから読んで理解してほしい。本書解説を書いてくれた飯田泰之『コンパクトマクロ経済学』(新世社)はこれを実に簡潔に説明している。クルーグマンやロバート・ゴードンの教科書でもいい。ちゃんと図と式の両方で理解してほしい。ここでは単に、それが一般理論のどこと対応しているかを説明したかっただけだ。

さらにこのモデル、すばらしい利点がある。これは実際の政策分析に使える、ということだ。

国が公共投資したらどうなる?　中央銀行がお金の供給を変えたらどうなるだろう。技術革新で投資機会が増えたら?　完全雇用を実現するためにはどんな政策オプションがあり得るだろう?　金利の影響は?　人々の嗜好が変わったら?

すべてこれで分析できる。分析、といっても、各種の変数がどの方向に動くか、という程度の話だったりする。でも、どうせマクロ経済なんておおざっぱなんだから、方向が見えるだけでも政策立案にはきわめて有益だ。IS-LMが編み出されたことで、ケインズ経済学は、経済政策立案の現場でばりばり使える理論となった。自由放任、市場に任せろという古典派の煮え切らない政策提案から、まったくちがう能動的な政策をたてられるようになった。

現実をまがりなりにも説明できる理論、そしてそれに基づく政策ツール、さらにはその効果を統合的に分析するためのツールが加わり、ケインズ経済学は理論的にも経済政策的にも文句なしの布陣となった。そして、その成果は第二次大戦後の世界で見事に華開いたのだが……。

4 ケインズ経済学の興亡

4.1 ケインズ経済学黄金時代とその崩壊

ケインズ経済学はもともと、1930年代の大恐慌を背景に生まれ、アメリカのTVAなど大規模インフラ投資の裏付けに使われたものの、大恐慌をひっくり返すほどの規模にはならなかった。が、議論のあるところだけれど、第二次大戦という大規模公共支出が大恐慌からの脱出につながったとされる。そしてその復興のための大規模な公共投資に伴い、世界はケインズ経済学のものとなった。そしてそれは見事な成功をおさめた。20世紀初頭の自動車や飛行機、電気製品の普及に伴う電力網など、新技術に対応する投資、医療や公共サービスなどが、当時の民間では対処できないものだったせいもある。世界は大規模な公共投資を必要としていたし、それを正当化する理論は実に好都合で、しかもそれは実際に生活水準の向上と安定に文句なしに寄与した。経済はかなり完全雇用に近い水準でまわり続けた。

でも、60年代頃からそれがだんだんおかしくなっていった。

最大の問題はインフレだった。世界各国が、激しいインフレに悩まされるようになった。各国とも、完全雇用実現のためにお金をたくさん刷っていたので、これは当然ではある。それにインフレなんて、数%なら大した問題じゃない。でも10%を超えるようになると、いろんな歪みが出てくる。

またケインズ経済学によれば、インフレと失業の間にはトレードオフがある。でもそのトレードオフがだんだん効かなくなり、やがて失業があるのにインフレも高いという、いわゆるスタグフレーションがあちこちで見られるようになった。

また、大きな政府の非効率性もあらわになってきた。横柄でグズで画一的で官僚的な政府サービスに対する不満は高まった。一方で、民間も力をつけてきた。かつては公共でなければできなかった各種大規模事業も、民間でかなり実施できるようになってきた。

こうして、ケインズ経済学の主な処方箋にあちこちで破綻が生じてきた。1970年代のオイルショックを契機に、それが総崩れとなった。そうなると、その理論的な基礎となっているケインズ経済学が変ではないか、と思われるようになるのも当然だった。

そして古典派の逆襲がはじまった。

4.2 古典派経済学の逆襲

どうしてインフレになっても失業が下がらないのか？　そこには人々の期待や予想の役割があるのだ、と鋭く指摘したのがミルトン・フリードマンだった。インフレが続くと人々はそれを期待に織り込み、失業引き下げの効果がなくなる、というわけ。期待のせいでトレードオフが効かないんだ！

そしてこの「期待」が当時のケインズ経済学の大きな盲点となった。政府が何かしても国民はそれを合理的に将来の予測に組み込んで行動するはずだ。これが「合理的期待形成」という発想だ。もし人々がそういう合理的な期待に基づいて行動したら、政府の政策介入はまったく効かなくなる！

ロバート・ルーカスがこの発想をマクロ経済学に適用し、ケインズ経済学をぼろくそに批判した。合理的な個人というミクロモデルを基礎に、マクロ経済学を再構築しなくてはならない！

さらに経済学の分野では、多くの市場の同時均衡を扱った、数理体系としては見事な一般均衡理論が完成していた。その一般均衡モデルを基礎に、ミクロ的な基礎のあるマクロ経済学を構築しよう——これを実際に進めたのが、ニュークラシカル派だ。ケインズ経済学は、市場が必ずしも均衡しない、という理論だ。でも、ものすごい（あり得ないほど）厳しい条件をおけば、あらゆる市場は均衡することが示された。だったら、あとはそこからずれる条件を考えるだけでいいはずじゃないか、というわけだ。

人々が政策の結果を完璧に予想できて、それを完全に打ち消すように動くというのは、かなり極端な話だ。

だが、理論的にはおもしろい可能性をもたらす。一般均衡も市場について非現実的な仮定を必要とする。でも理論的には美しい。それにおりしも金融の世界では、人々が市場の情報をすべて活用して予測を行うという効率的市場仮説が、かなりの成果を挙げていた。マクロ経済でもそれが可能では？

そしてこうした理論的な進展に伴い、大きな政府批判が進んだ。政府肥大の犯人がケインズ経済学だとされ、国営企業の民営化、インフラ事業の民間導入があちこちで進んで一定の成果を上げているようにも見えた。経済政策そのものの有効性が否定され、さらに公共事業も否定され、理論的にも時代遅れ。ケインズ経済学はもはや完全に失墜したかのようだった。

4.3 ニューケインジアン

実はケインズ派の経済学者たちもIS-LMが十分に厳密でない、と思って嫌っていた。静的だし、期待が明示的に含まれていないし、仮定も乱暴だし。ニュークラシカル派が、数学的に高度なモデルを駆使しはじめると、自分たちももっと洗練されたミクロ的基礎を持つケインズ経済学を構築しようという動きが出てきた。たとえばケインズ理論が成り立つためには、価格や賃金がなかなか変わらないことが理論的に重要だが、なぜそうなるかわからない。それをミクロ的に基礎づけられないものか？　これがニューケインジアンだ。それで言えることは、もとのケインズ経済学と大差ない。でもそれをかっこよく言えることが、学問の世界では重要だったのだ。そしてケインズ理論のキモは、市場が時に均衡しないということなのに、かっこいい一般均衡理論を取り入れようとする中で、それはうやむやになっていった。

結局あれこれニュークラシカルに張り合おうとするうちに、両者はだんだん似てきた。やがて、一般均衡モデルをベースにして、合理的期待の要素も入れ、ニューケインジアン的な要素も取り入れ、ミクロ的な基礎を持つ精緻な動学モデルを作ろうとする試みが進み、動学的確率的一般均衡モデル、通称DSGEモデルなるものが登場するに至って、両者は同じモデルの風味の差程度になってしまったという（山形レベルの実務エコノミストは、これを直接いじることはないので、ここらの話はあくまで伝聞となる）。

だが人によっては、それはいいことだった。ミクロ的に基礎づけられ、一般均衡に基づく、理論的に精緻なモデルが完成した。もはや、ケインズの変な理論や鈍くさいIS-LMなんか使わなくてもいいのだ、すべての政策はDSGEモデルで分析すればいいのだ——そんな議論さえあちこちで見られるようになった。

だが、そのすべてが崩壊した。そして世界は、古くさいケインズ経済学の復活を目の当たりにすることになる。それが2008年から今なお（2011年）続く、リーマンショックとその後遺症だ。

5 リーマンショックとケインズの復活

アメリカのサブプライム住宅ローン破綻にはじまり、それを元にした派生商品がいっせいに大コケして、リーマンブラザースを倒産においやり、その後世界を大混乱に陥れた世界金融恐慌は、前節で説明した1970年代以後の経済学の「進歩」がほとんど無意味だったことを実証してしまったとされる。

厳密なはずのそうした理論やモデルはこんな世界的金融恐慌を予想することはおろか、その可能性があることすら指摘できなかった。そして、それがいったん起きたあとも、それに対する政策対応を何一つ提示することができなかった。厳密にする（＝数式で扱えるようにする）ために、えらく非現実的な仮定をたくさんおかざるを得ず、その結果としてものすごく狭い範囲のものしか扱えなくなっていたからだ。

たとえばそうした理論はほとんどが、一般均衡理論を元にしていた。一般均衡理論は、あらゆる市場が完璧な形で機能していることを前提としている。市場が破綻するなどというのはそもそも想定外だ。大マクロ経済学者（ニューケインジアン）ブランシャールの揶揄によれば、一般均衡を元にした理論や研究のほとんどは、一般均衡からいろんな変数がちょっとずれたらどんな影響が出るかを検討するだけで、定形化された「俳句」のようなものになっている。モデルの前提が壊れるような話は、そもそも考慮されないのだ。

一般均衡以外にも問題はある。ベースとなる多くの理論は、かの大恐慌をまともに説明できない。効率的市場仮説は、大恐慌のデータをはずすことが多い。またニュークラシカルは、大恐慌を説明できない。

そして、それですんでしまったのは、ある意味で皮肉にもケインズ的な経済政策の成功のおかげだった。70年代までそれが完全雇用に近い経済を実現し、そしてそれは古典派の理論があてはまる経済になっていたのだ。そしてもはや中央銀行が経済を上手にコントロールできるから、あんな世界的な恐慌は二度と起きないと言われて、みんなそれを信じ、恐慌を考えない理論を構築してしまった。

だがいざ、そうした危機が起き、完全雇用や一般均衡の枠組みが崩れてしまうと……新しい理論は何もできない。ニューケインジアンの重鎮たるローレンス・サマーズも、こうした理論が政策的にまったく無力だったと語っているという。

でも、それができる理論的枠組みがあった。古くさく、どんくさいケインズ経済学、そしてその粗雑なIS-LMモデルだった。

そして実際、リーマンショック以後の銀行救済や景気停滞に対する各種対策は、すべて初歩のケインズ経済学の枠組みにおさまるものばかりだった。景気停滞に対しては、大量の公共投資と金融緩和。その後も、その投資の乗数効果が検討され、民間投資のクラウディングアウトが云々され、低金利に伴う流動性の罠が論じられ——すべて、この『一般理論』に登場する。IS-LMモデルで説明できる。グレゴリー・クラークは「大学の入門マクロ経済の講義でAをとったヤツなら、この危機への対応ではサマーズやガイトナーとまったく同等に張り合える」と皮肉った。ブラッドフォード・デ＝ロングも、現在の事態を考えるには、最新の経済学教科書を読むよりも、1936年の教科書（つまりこの『一般理論』）を読んだほうがマシだ、と本気で主張している（http://bit.ly/o5fw67）。

なぜケインズ経済学が力を持てたのか？　それはケインズ経済学が、まさに大恐慌に対応するために考案された理論体系だったからだ。そのときも古典派経済学は無力だった。そして新しい経済学は、大恐慌を例外扱いすることで成立していた。だから新旧問わず古典派系の理論が小さな恐慌に対処できなかったのは当然のことではあった。だが前にも述べたとおり、経済学が必要とされるのは、まさにそうした危機への対応のためでもある。その任に堪えたのはケインズ経済学だけだった。

こうして経済学は、ぐるっとまわって元のところに戻ってきた。古典派が理論的には充実したところで大恐慌が起き、その無力が明らかになった。それに対してケインズが『一般理論』を提唱し、それに基づく経済政策が、第二次大戦後の完全雇用と安定をもたらし、そしてそれが古典派理論の復活に手を貸した。だがそれが小さな世界恐慌により再び無力さを露呈し、そして再びケインズ経済学の有効性が曲がりなりにも示され——これがぼくたちの状況だ。

6 『一般理論』と経済学の未来

6.1 ケインズのご利益とは

たぶん本書を手に取る人は、上に書いたような事情を多少は知っているんだと思う。そしていま蒸し返されているケインズ『一般理論』にはホントは何が書いてあるのか、一度読んでみよう（でも実物や全訳を読むのは面倒すぎ）と思っているんだろう、と思う。

さてぼくは、教祖様や教典におすがりするようなものは、学問のあるべき姿じゃないと思っている。フロイトに戻れとかマルクスに還れとか、宗教がかった疑似学問は、そうした教祖教典にすがろうとする。でもニュートン『プリンキピア』に物理学の未知の知恵がこもっているとは、だれも思わないだろう。ニュートン力学だけでは説明のつかない水星の近日点移動が見つかったとき、「コペルニクスに還れ」なんてことを言い出すバカはいなかった（たぶん）。

いま、ケインズの元々の理論と処方箋が脚光を浴び、かれが何を書いたのかに多少は注目がある。それ自体はよいことだ。でも、それが変な教祖様主義に陥るのは避ける必要がある。たとえばジョージ・アカロフとロバート・シラーは、『一般理論』の「アニマルスピリット」に注目した本を書いている。でも中身は、実はケインズの言うアニマルスピリットとはかなりちがう話だ。特に必然性もなく無意識のうちにケインズのご威光にすがろうとしたようにすら思える。できればそういうことはしないほうがいいように思う。

とはいえ『一般理論』の議論は、すべての古典と同じく、未踏の地を切り開いた古典が持つ自由闊達さがあり、きちんとまとまってはいないけれどヒントになりそうな話がたくさん詰まっているのは事実だ。

そして確かに意外なものが突然復活してくる。地域通貨が一時はやった頃には、シルビオ・ゲゼルがしばしばもてはやされたが、かれが多少なりとも知られているのは、ケインズが『一般理論』でほめたことが大きい。また日本の現在の二十年近く続く不景気（そして近年のアメリカなどの不景気）について、いまやそれが流動性の罠にはまった状態だというのは有力な説で、それをもとに、インフレ期待を醸成しろというリフレ派がじわじわと勢力を増しつつある。この流動性の罠も、本書第15章でケインズが指摘したものだ。

この理論は長いこと、ほぼ忘れられていた。多くの論者は、現在はそんなものは起こらないだろうと思っていた。いまやリフレ派の旗手たるポール・クルーグマンですら、当初は流動性の罠が起こらないことを証明しようとして論文を書き始め……そして、結局はケインズの言う通り、どんな理論的枠組みでも流動性の罠が起こりえること、そしてその対処法としてインフレ期待が有効だという正反対の結論にたどりついてしまった。IS-LMモデルから得られる流動性の罠脱出法（金融拡大と財政拡大の合わせ技）はいまも有効だ。それはいまのアメリカの不景気脱出でも重要となるし、もちろん今の日本にも大いに意味がある。

ケインズはこの『一般理論』で、本当にそこまで考えていた。大したもんだ。いつか、ケインズに人々が戻らずにすむようになればと思う。『プリンキピア』に物理学の将来方向を求めようとする物理学者がいないように、ケインズ『一般理論』にも人々が考古学的な興味以外のものを抱かない日がくればよいとは思う。でも、これまでの実績から見て、まだまだ隠し球はありそうだし、だからこそ本書の主張をざっと読み直す価値もあろうというもの。

でも今後の経済学はどうなるんだろう。ケインズのえらさはわかったが、今後の経済学がこの『一般理論』をひたすらつつきまわしていれば用が足りるというものではないのも当然。今後、どんな発展があり得るんだろうか。

6.2　経済学の未来?

ケインズ以後の経済学、特にここ数十年の経済学が、リーマンショックといまの世界金融危機にあまり現実的な力を持ち得なかった、というのは多くの人が指摘している。その反省がどういう形を取るかは、興味深いところではある。

多くの研究者はすぐに宗旨替えするわけにもいかないし、今後もこれまで通りの話が当分続く、とは言われる。かの大恐慌でさえ数十年したら「あれは例外」で片付けられるようになった。今回の教訓もすぐ風化するよ、というシニカルな声もある。一方で、どん臭くても役にたったケインズ経済学をもとにした、新しいアプローチ（流動性選好を重視したものでもなんでもいいが）が出てくるかもしれない。経済学に個人の不合理性を導入することで、新しい基盤が出てくるという人もいる。

また全然別の方向から展開があるかもしれない。ハーバート・ギンタスは、ゲーム理論を使って社会科学をすべて統合しようという大胆な提案をしている。意外とそれがモノになるかもしれない。その中で、ミクロで多様な個人がゲーム理論的に相互作用するのを完全にシミュレーションするような手法が実現し、ケインズ経済学を含めあらゆる経済学がそこに還元されてしまうかもしれない。でも、理論的な方向性は預かりしらぬことながら、外野としては過去数十年の経済学とその無力を見るに、理論的な整合性と美しさよりは、泥臭くても現実のできごとを説明し、きちんと政策提案ができるようなものになってほしいとは思う。これは多くの人が述べていることでもある。

ケインズもまさにそうした。そして、それこそが本書のアプローチから、経済学者もそうでない人もいちばん学ぶべきポイントでもある。

ケインズは現実に起こっていることを真摯に観察し、そしてそこで見た人々の不遇に対して手をこまねいていることを良しとしなかった。現実世界の実情よりも自分たちの狭い理論的枠組みを優先する古典派を、ケインズは本書で批判した。「長期的には、われわれみんな死んでいる」。いまできることがあるんだから、死ぬ前にそれをやろう。

そしてそのために、ケインズは自分の古巣をほぼ全否定することさえためらわなかった。実際にあわない理論は捨てるという、学者としての誠意があった。そしてものごとにまったく違った取り組みを行い、それを提示するだけの勇気を持っていた。
すごいことだと。

いまこれを書いている時点（2011年夏）では、東北大震災の復興が未だにあまり進んでいない。また急激な円高で、多くの輸出系企業が苦しんでいる。ついでに二十年近く前からのデフレと不景気もいっこうに改善する気配がない。その状況で、メディアに登場する日本の多くの経済学者は、なんだか知らないがやたらに増税を推進してみたり、円高阻止やデフレ阻止における中央銀行の役割を矮小化してみたり、現実をどうにかするよりも自分の理論的立場を守ることにしか奉仕しない発言や、それどころか本当に学問的に肯定できるのか怪しい議論ばかり述べているように見える。ぼくには、それが現実の人々の苦労をまともに見て、それを何とかしようと真摯に考えた結果には見えない。

経済学がどっちに進むにしても、そしてそれがケインズの成果をどこまで取り入れたものになるにしても、ぼくはこの『一般理論』の中身もさることながら、それを書いたケインズの志と誠意には是非とも学んでほしいとは思う。そして、自分の古巣をひっくり返すような革命的な本を書きながら、そこに茶目っ気たっぷりな第Ⅳ巻みたいなもの入れてしまえるしゃれっ気も、きまじめ一辺倒な人々には大いに学んでほしいな、とも思うのだ。まじめに、真摯に、でも楽しく――こんな要約がその一助となれば……まあ無理か。

7 謝辞

本書はもちろん、素人向けの概説書だ。専門家は横着せず、原典を読むべきだとは思うけれど、でも概要を把握するためには十分参考にはなると思う。また、どう見ても『一般理論』を読んだとは思えない通俗経済評論家がよく引き合いに出す、美人コンテストやアニマルスピリット、穴掘ってお金を埋める公共事業といった有名な小話も、チェックしやすいようになっている。すでにあちこちの輪講や勉強会のアンチョコになっているそうで、編訳者としては嬉しい限りだ。

翻訳・要約にあたって『一般理論』の邦訳は一切参照していな

い……と書いた後で目を通したが、塩野谷親子による訳はおよそ人間に読める水準ではなく、間宮陽介による訳は多少はましながらやはり読みづらい上、明らかな誤訳や、無理解に基づく原文の改ざんなどが多く、参照する意味はないと思う［*2］。

このため訳語は、題名さえ慣例にはしたがっていない。ぼくはmoneyを貨幣と訳すのが嫌いだからだ。題名ですらそんな具合だから、内部でも業界の専門用語には特に従っていない。この点はご留意いただきたい。

さて本書のもととなるウェブページ（http://cruel.org/econ/generaltheory/）の成立にあたっては、主に三方面の人々からまったく意図せざる後押しをいただいた。

そもそも本書誕生のきっかけを作ってくれたのは、経済学者の松原隆一郎氏だった。詳しい事情は、ぼくのウェブページを見てほしい（http://cruel.org/econ/matsubara.html）。決して嬉しいものではなかったとはいえ、この専門外の素人に、『一般理論』要約にとりかかるきっかけを与えてくれたことだけは感謝している。ありがとう。

また、途中で特に本論部分の第II巻の変な単位談義に嫌気がさしていたときに、そうした部分も含めて本書の意義を改めて解説してくれた、ポール・クルーグマンの『一般理論』序文にも感謝。本当は、この序文そのものを本書に使いたかったところだ。全訳は http://cruel.org/krugman/generaltheoryintro.html にある、そのエッセンスはこれまでの解説にかなり活用させていただいた。

そして最後に誰にも増して、あと二歩くらいのところで放置してあったこの作業の最後の尻を叩いてくれた、2

［*2］既存の邦訳を見てそのできの悪さに怒りのあまり、その後全訳も完成させた。興味のある向きは、http://www.genpaku.org/generaltheory/ を参照。

ちゃんねるの能登麻美子（というアニメ声優）スレッドに巣くうキモヲタファンたちに感謝。何が起きたかはググっていただければ幸甚。社会性も教養もないと思っていた声優ヲタどもから「ケインズを仕上げろ」というハイレベルな恫喝が出たのに驚愕のあまり、見事完成の運びとは相成った。能登ファン諸氏の知的水準をめぐる不当な偏見をここにお詫びするとともに、その叱咤激励に深く感謝するものである。そして、ご当人は何のことやら知るよしもなかろうが、その旗印たる能登麻美子氏にも。

誤字や解釈の誤りも含め、もしお気づきの点が何かあれば、是非ともご教示いただければ幸甚。即座にウェブと、本書のサポートページ（http://cruel.org/books/generaltheory/）で公開する。ウェブ上のこの試みを本にしようと提案してくださったのは、ポット出版の沢辺均氏だった。延々待たせてごめんなさい。また、変な素人くさい本の解説を引き受けてくれた飯田泰之氏にも感謝する。

2011年8月7日　ビエンチャンにて

山形浩生（hiyori13@alum.mit.edu）

訳編者解説
山形浩生

●プロフィール

●著
ジョン・メイナード・ケインズ

(John Maynard Keynes)
1883年イギリス生まれ。1946年没。
ケンブリッジ大学キングズ・カレッジ卒。ケインズ経済学を確立した、
20世紀を代表する経済学者。
著作に『確率論』(A Treatise on Probability, 1921)、
『貨幣改革論』(A Tract on Monetary Reform, 1923)、
『貨幣論』(A Treatise on Money, 1930)など。
『雇用と利子とお金の一般理論』
(The General Theory of Employment, Interest and Money)は
1936年の著作。

●要約・翻訳
山形浩生

(やまがた・ひろお)
1964年東京都出身。評論家・翻訳家。
東京大学工学系研究科都市工学科修士課程修了。
マサチューセッツ工科大学不動産センター修士課程修了。
調査会社勤務の傍ら、幅広い分野で翻訳・執筆活動を行なう。

○著書
『訳者解説—新教養主義宣言リターンズ』(2009年、木星叢書)
『要するに』(2008年、河出文庫)
『ニッポンの恥!—電波芸者、なんちゃって政治家、セレブ言論人の品性』(大月隆寛・朝倉喬司・小田嶋隆・与那原恵・溝口敦と共著、2007年、宝島社)
『新教養としてのパソコン入門—コンピュータのきもち』(2007年、アスキー新書)
『新教養主義宣言』(2007年、河出文庫)
『たかがバロウズ本。』(2003年、大村書店)
『新教養としてのパソコン入門—コンピュータのきもち』(2002年、アスキー)
『山形道場—社会ケイザイの迷走に喝!』(2001年、イースト・プレス)
『Linux日本語環境—最適なシステム環境構築のための基礎と実践』(Robert J. Bickel・Stephen J. Turnbull・Craig 小田と共著、2000年、オライリー・ジャパン)
ほか、訳書多数。

●解説

飯田泰之

（いいだ・やすゆき）
1975年、東京都出身。エコノミスト。東京大学経済学部卒業、
同大学院博士課程単位取得退学。駒澤大学経済学部准教授。
内閣府経済社会総合研究所、財務省財務総合研究所客員研究員。
専門は経済政策、マクロ経済学。

○著作
『農業で稼ぐ！経済学』（浅川芳裕と共著、2011年、PHP研究所）
『経済とお金儲けの真実』（坂口孝則と共著、2011年、徳間書店）
『ダメ情報の見分けかた：メディアと幸福につきあうために』（荻上チキ、鈴木謙介と共著、2010年、日本放送出版協会）
『ゼロから学ぶ経済政策―日本を幸福にする経済政策のつくり方』（2010年、角川oneテーマ21）
『世界一シンプルな経済入門 経済は損得で理解しろ！―日頃の疑問からデフレまで』（2010年、エンターブレイン）
『日本経済復活一番かんたんな方法』（勝間和代・宮崎哲弥と共著、2010年、光文社新書）
『脱貧困の経済学―日本はまだ変えられる』（雨宮処凛と共著、2009年、自由国民社）
『経済成長って何で必要なんだろう？―Synodos readings』（芹沢一也・荻上チキ編、岡田靖、赤木智弘、湯浅誠と共著、2009年、光文社）
『日本を変える「知」―「21世紀の教養」を身に付ける』（芹沢一也・荻上チキ編、鈴木謙介・橋本努・本田由紀・吉田徹と共著、2009年、光文社）
『コンパクトマクロ経済学』（中里透と共著、2008年、新世社）
『考える技術としての統計学―生活・ビジネス・投資に生かす』（2007年、NHKブックス）
『歴史が教えるマネーの理論』（2007年、ダイヤモンド社）
『ダメな議論―論理思考で見抜く』（2006年、ちくま新書）
『ゼミナール経済政策入門』（岩田規久男と共著、2006年、日本経済新聞社）
『経済学思考の技術―論理・経済理論・データを使って考える』（2003年、ダイヤモンド社）
ほか、共著多数。

書名……………………要約　ケインズ　雇用と利子とお金の一般理論
原著……………………J・M・ケインズ
要約・翻訳…………山形浩生
解説……………………飯田泰之
ブックデザイン……沢辺均、山田信也
校正協力………………株式会社ゼロメガ
発行……………………2011年11月15日［第一版第一刷］
2015年3月15日［第一版第二刷］
発行所…………………ポット出版
150-0001
東京都渋谷区神宮前2-33-18#303
電話 03-3478-1774　ファックス 03-3402-5558
ウェブサイト http://www.pot.co.jp/
電子メールアドレス books@pot.co.jp
郵便振替口座………00110-7-21168 ポット出版
印刷・製本…………シナノ印刷株式会社
ISBN978-4-7808-0171-2 C0033

Digest: The General Theory of Employment, Interest and Money
by John Maynard Keynes, YAMAGATA Hiroo, IIDA Yasuyuki
First published in Tokyo Japan, Nov. 15. 2011
by Pot Pub. Co., Ltd
#303 2-33-18 Jingumae Shibuya-ku
Tokyo, 150-0001 JAPAN
E-Mail: books@pot.co.jp
http://www.pot.co.jp/
Postal transfer: 00110-7-21168
ISBN978-4-7808-0171-2 C0033

【書誌情報】
書籍DB●刊行情報
1 データ区分—1
2 ISBN—978-4-7808-0171-2
3 分類コード—0033
4 書名—要約　ケインズ　雇用と利子とお金の一般理論
5 書名ヨミ—ヨウヤクケインズコヨウトリシトオカネノイッパンリロン
13 著者名1—J・M・ケインズ
14 種類1—原著
15 著者名1ヨミ—ケインズ, J.（ジョン）M.（メイナード）
16 著者名2—山形　浩生
17 種類1—要約・翻訳
18 著者名1ヨミ—ヤマガタ　ヒロオ
22 出版年月—201111
23 書店発売日—20111115
24 判型—B6
25 ページ数—272
27 本体価格—1500
33 出版者—ポット出版
39 取引コード—3795

本文●ラフクリーム琥珀N　四六判・Y・71.5kg（0.130）／スミ
表紙●モダンクラフト・菊判・Y・137.5kg／1C TOYO 10932 /1C TOYO 10028
カバー●ヴァンヌーボF-FS・ホワイト・四六判・Y・110kg／2C　スリーエイトブラック+TOYO 10433／グロスニス
帯●ビオトープGA-FS・コットンホワイト・四六判・Y・90kg／1C TOYO 10028／加工なし
使用書体●游明朝体M+游明朝体36ポ仮名+Garamond　游見出し明朝体　もじくみ仮名
游明朝体　游ゴシック体　Garamond　Frutiger　CenturyOldstyle
2015-0102-1.5（4.5）